Autodiscipline

L'art et la science de la discipline

Comment développer la maîtrise de soi, résister à la tentation et atteindre tous vos objectifs

Vincent Caron

Copyright 2020 – Vincent Caron.

Tous droits réservés

Sommaire

Introduction 7

Qu'est-ce que l'autodiscipline ? 13

Pourquoi est-il important de développer l'autodiscipline de nos jours ? 25

Qu'est-ce qui affecte le comportement humain ? 33

Comment acquérir une plus grande autodiscipline .. 47

Les avantages de l'autodiscipline dans la vie personnelle et professionnelle 99

Lectures recommandées 117

Conclusion 125

L'auteur conseille... 131

Introduction

"Le prix de la discipline n'est rien comparé au prix du regret". - Robin Sharma

Cette belle tranche de gâteau au chocolat est là sur la table et semble n'attendre que vous : vous avez toujours eu un faible pour les sucreries et c'est peut-être la cause de vos kilos en trop ; mais cette fois-ci, vous devrez le laisser à quelqu'un d'autre, car hier encore, vous avez pris une décision ferme et irrévocable et vous avez choisi de faire un régime jusqu'à ce que vous retrouviez votre poids idéal, quoi qu'il en coûte, si vous deviez renoncer aux desserts et aux aliments gras pendant des mois et des mois. Bien sûr, il faut dire que cette intention " ferme " de retrouver la ligne est répétée chaque année à intervalles réguliers et, pour être tout à fait honnête, on ne parvient jamais à la respecter plus de deux semaines. Je vous demande pardon ? Qu'est-ce qu'un petit morceau de gâteau ? Êtes-vous sûr que ce n'est pas ce qui a provoqué l'échec de votre régime alimentaire ? Vous vous êtes gardé léger au déjeuner en ne mangeant que des légumes et des crackers cuits à la vapeur, un petit dessert que vous pensez avoir bien mérité : vous le brûlerez en vous entraînant plus durement au cours de la semaine suivante. En êtes-vous sûr ? Dans le régime strict que vous avez promis de suivre, le gâteau au chocolat était-il inclus ?

Vous avez finalement cédé et mangé le morceau de gâteau. Et vous penserez au régime alimentaire demain, après-demain... ou le mois prochain ! Cela vous semble-t-il familier ? Combien de fois, peut-être au début de la nouvelle année, avez-vous dressé une longue liste de bonnes intentions et d'objectifs que vous n'avez pas pu atteindre ? Suivre un régime, s'inscrire à une salle de sport (et puis vraiment aller à la salle de sport), être plus productif au travail, se réveiller tôt le matin, lire certains des livres empilés sur la table de nuit : il y a de nombreux changements positifs que vous aimeriez faire dans votre vie pour l'améliorer. Au moment où vous prenez ces engagements avec vous-même, nous nous sentons incroyablement motivés et parfaitement capables de les mener à bien, mais vous vous rendez compte, peu après, que vous n'avez pas la volonté et la constance nécessaires pour obtenir le moindre résultat. Chaque nouveau départ est caractérisé par du cran, de l'espoir et de la détermination, qui finissent ponctuellement par être coincées à la première difficulté, submergées d'excuses et de justifications, que vous entassez pour vous défendre et vous pardonner votre échec : "je n'ai pas le temps", "le travail me stresse", "la famille draine toute mon énergie", "dans cette période, je me sens fatigué", "ce n'est pas le bon moment", etc.

Vous les connaissez toutes : vous les avez toutes entendues de nombreuses fois, tant de la part des autres que de vous-même. Votre force d'esprit et votre détermination ne semblent vous soutenir que jusqu'à une vague planification théorique de ce qu'il faut faire et rien d'autre : dresser une liste d'objectifs ou un programme de choses à faire est facile, tandis que changer concrètement vos habitudes de vie, les éliminer et les remplacer par d'autres activités, plus fatigantes et exigeantes même si beaucoup plus gratifiantes, vous apparaît comme une tâche définitivement trop difficile à réaliser, voire impossible. Ne désespérez pas, vous n'êtes pas le seul à ressentir ce sentiment d'impuissance et de frustration : ne pas être capable de poursuivre ses objectifs personnels de manière cohérente et efficace est une condition commune qui caractérise la plupart des gens ; cela arrive fréquemment et chacun se sent enchaîné à ses habitudes et ses faiblesses, à ses petits plaisirs quotidiens, à ses rituels.

Mais il existe une solution, même si elle n'est pas du tout bon marché : développer son autodiscipline, apprendre à contrôler ses instincts, ses émotions et ses faiblesses, à tout moment de la journée et dans toutes les situations où l'on se trouve, dans le but d'acquérir la volonté nécessaire pour mener à bien ses projets personnels, même lorsqu'ils demandent beaucoup de temps, une forte détermination et un grand dévouement. Le renforcement de l'autodiscipline n'est pas un objectif pour les maîtres d'arts martiaux asiatiques ou les moines ermites sages vivant isolés dans les montagnes : chacun peut s'engager sur un chemin de croissance personnelle visant à acquérir une plus grande maîtrise de soi. Ne pensons pas aux exercices épuisants et extrêmes ou aux changements radicaux et excentriques : le chemin vers la maîtrise de soi et la discipline est praticable par chacun d'entre nous et ne présuppose aucune dot innée, aucun choix de vie ou vocation drastique, nous permettant de garder fondamentalement intact notre mode de vie antérieur ; le but est d'éliminer ou de transformer tout ce que nous considérons comme nuisible ou peu constructif aux fins de notre réalisation personnelle et de l'accomplissement de nos désirs.

Les avantages d'une plus grande maîtrise de soi sont nombreux et peuvent nous aider à gérer notre vie personnelle, familiale, sociale et professionnelle, tels qu'également notre santé et notre bien-être psychophysique, ce qui nous permet de réaliser notre plein potentiel. Alors pourquoi ne pas commencer à y réfléchir ? La route est longue et complexe, mais celui qui commence bien, en suivant les bons conseils, est déjà à mi-chemin !

Qu'est-ce que l'autodiscipline ?

"Le talent, c'est 1% de génie et 99% de sueur". - Thomas Edison

En termes simples, par autodiscipline, nous entendons la capacité de renoncer volontairement à une gratification ou à un plaisir immédiat en vue d'atteindre un objectif plus élevé et plus important sur notre échelle de valeurs personnelles ; ce qui reporte, voire supprime, la jouissance d'un sentiment positif dans le but d'en atteindre un plus élevé ou qualitativement plus élevé à l'avenir. Être une personne autodisciplinée signifie également être capable de mener à bien un engagement en restant constant et concentré dans le temps, en montrant la capacité à ne pas se laisser influencer par les émotions ressenties momentanément, qu'elles soient positives ou négatives, et par l'état d'esprit qui caractérise son propre esprit à un moment donné, ainsi que par les nombreuses distractions provenant du monde extérieur.

Perfectionner son autodiscipline signifie donc acquérir une plus grande maîtrise de soi, de son corps et de son esprit, afin d'atteindre avec succès ses objectifs, qu'ils soient petits ou grands.

Au cours de la journée, il arrive très souvent que nous soyons incapables de résister aux tentations qui se présentent à nous, que nous soyons incapables de résister à une impulsion ou à un désir fort, que nous soyons incapables de contrôler nos instincts, qui semblent parfois immunisés contre notre volonté ; même si nous savons pertinemment que certains comportements nous nuiront à l'avenir et compromettront nos chances de parvenir à quelque chose, il est difficile de les arrêter et de les combattre avec détermination et constance, surtout s'il s'agit d'attitudes acquises puis consolidées au fil des ans. Cinq minutes de plus au lit après le son du réveil semblent être la chose la plus agréable au monde lorsque nous sommes enveloppés dans la chaleur des couvertures par un froid matin d'hiver. Mais sommes-nous sûrs de pouvoir nous le permettre ? Ou faut-il sacrifier d'autres activités, peut-être beaucoup plus importantes et significatives, pour profiter de ce confort momentané? Il est extrêmement relaxant de passer des heures et des heures sur les réseaux sociaux, à ne rien faire d'autre que de regarder passivement des images : mais, même dans ce cas, est-ce un temps bien utilisé ? N'aurions-nous pas quelque chose de plus constructif à faire ? Cette façon de faire nous permet-elle d'être suffisamment productifs ? Le problème est que, la plupart du temps, nous ne consacrons pas volontairement une partie de la journée à ces activités récréatives, mais nous sommes littéralement aspirés et obsédés par elles, ce qui rend très difficile de s'arrêter même lorsqu'il est absolument nécessaire de se consacrer à autre chose. "Encore cinq minutes et je m'arrête" : vous le dites très souvent ? Les dommages que nous nous infligeons à nous-mêmes lorsque nous nous permettons de "surpasser", de contourner ou de reporter nos plans pour la journée, le régime alimentaire ou le programme d'entraînement sont bien plus importants que nous ne le pensons et ne se limitent pas à la "seule" activité non effectuée ou reportée : être trop indulgent avec soi-même tendra inévitablement à nous gâter, à nous rendre de moins en moins capable de contrer l'impulsivité de nos instincts et de nos besoins, qui deviendront de plus en plus urgents ; tout cela nous rend plus paresseux, plus faible et à la merci des événements tant internes qu'externes.

La plupart d'entre nous vivons entourés de confort et d'aisance, bercés par des routines monotones qui laissent peu de place à l'innovation et à l'amélioration, ainsi qu'à l'engagement et au dévouement : ce mode de vie tend, inexorablement, à affaiblir notre capacité de résistance et de sacrifice.

Très souvent, nous ne nous sentons pas capables d'apporter le moindre changement dans notre existence, même le plus petit et le plus insignifiant : non pas parce que nous n'en ressentons pas le besoin réel ou que nous n'en avons pas l'intention, mais parce que nous n'avons pas assez de discipline pour le faire, même si nous sommes plus que motivés et convaincus que c'est un changement qui nous serait bénéfique. La raison en est que nous n'avons pas suffisamment formé notre volonté et notre persévérance au cours de notre vie. C'est pour cette raison qu'il n'est pas du tout facile de changer d'attitude et d'habitudes : parfois, même les changements les plus insignifiants et banals nous déstabilisent et semblent impossibles à poursuivre si nous ne sommes pas habitués à agir avec détermination et persévérance, si nous ne sommes pas assez forts pour ne pas abandonner nos objectifs lorsque la première difficulté se présente. Même une passion profonde et une solide motivation ne suffisent pas à garantir la réalisation de nos objectifs.

La vérité est que, depuis quelque temps, on a démoli le mythe selon lequel on peut réussir avec passion, talent et intuition et que, possédant un don inné, l'engagement et la persévérance ne sont pas nécessaires pour atteindre le plus haut niveau dans son domaine d'intérêt. La croyance selon laquelle on peut tout réaliser quand on est inspiré par le feu sacré de l'amour et de la passion n'est qu'une idée romantique, rien de plus. Seuls ceux qui ont un talent inné peuvent faire de grandes choses ? Rien ne pourrait être plus faux. Même les plus grands génies de l'humanité ont dû faire face à un travail acharné et à un dévouement sans faille ; sans la sueur de votre front, vous ne pouvez guère accomplir quelque chose de vraiment remarquable. Beaucoup de personnes identifient la cause de leurs échecs dans le manque de capacité et de talent, dans l'absence de ces qualités naturelles qui leur permettraient d'avoir une satisfaction dans le travail, dans les loisirs, dans le sport, dans la vie de tous les jours : la vérité est que le talent n'est qu'une composante du succès, c'est une base, une inclination ou, si vous voulez, une facilitation naturelle. Le succès, le succès réel, stable et durable, n'arrive qu'à ceux qui sont capables de poursuivre leurs objectifs avec persévérance et dévouement : les compétences naturelles ne sont, tout au plus, qu'un point de départ ; elles peuvent, bien sûr, être d'une grande aide et d'une impulsion initiale considérable, mais elles ne sont pas tout. Le manque d'autodiscipline pourrait en effet nous coûter la pleine réalisation de notre potentiel, de nos qualités et de nos talents innés, même si ceux-ci sont remarquables et prometteurs: la réalisation personnelle repose précisément sur la capacité à tirer le meilleur parti de ses aptitudes naturelles.

Rien n'est écrit dans le destin, ni dans le patrimoine génétique : nous pouvons obtenir ce que nous voulons, naturellement dans certaines limites réalistes, en faisant appel à notre persévérance et à notre volonté. L'autodiscipline diffère profondément et substantiellement de la discipline au sens strict, celle qui est transmise par un sujet extérieur, de l'éducation qui nous est imposée depuis l'enfance ou des règles de comportement civil que nous sommes tenus de respecter dans tous les contextes, de la discipline proprement dite, telle que nous avons toujours été habitués à la comprendre. Comme le montre le mot lui-même, l'autodiscipline est une chose que nous décidons de nous imposer, volontairement, sans contrainte du monde extérieur et qui ne présuppose donc pas une pression sociale, une obligation ou une contrainte de la part de quelqu'un qui nous force à faire ce que nous faisons. C'est un choix que nous décidons de faire de manière autonome, libre et rationnelle, afin de poursuivre un objectif ou un projet qui nous est propre. C'est l'expression la plus élevée de la volonté, de la puissance et de la détermination d'une personne, ce qui exige donc un certain niveau de maturité émotionnelle, de responsabilité et de prévoyance. L'idée, enracinée chez beaucoup de gens, que la discipline doit nécessairement être comprise comme quelque chose d'imposé de l'extérieur est probablement l'un des obstacles que nous rencontrons, à l'âge adulte, lorsque nous essayons d'acquérir un plus grand contrôle sur nous-mêmes : nous sommes habitués au fait que les contraintes et les forçages doivent venir du monde extérieur, des autres, de la société et nous ne sommes donc pas habitués à imposer des règles de façon autonome, une structure de fer de comportement à forger de façon totalement volontaire.

Tout l'espace que nous parvenons à obtenir en dehors des règles et des contraintes qui nous sont imposées, nous sommes habitués à le considérer comme le royaume de la liberté absolue et du chaos. L'éducation et les habitudes qui nous sont imposées depuis l'enfance ont été acquises d'une manière si profonde et si radicale qu'il est très difficile de les défaire, alors que, dans le même temps, imposer la moindre restriction ou règle semble une mission gigantesque. Sans aucun doute, changer son comportement et son attitude à l'âge adulte peut représenter un défi considérable : les enfants sont incroyablement plus malléables et réceptifs et il est beaucoup plus facile de développer des habitudes et des compétences pendant l'enfance ; c'est pourquoi il est recommandé de commencer à jouer d'un instrument ou à pratiquer un sport dès le plus jeune âge. Mais est-il impossible de changer d'attitude en tant qu'adulte ? Ce que nous n'avons pas fait auparavant, avons-nous perdu à jamais ? Absolument pas ! Cela coûte plus d'efforts, bien sûr, mais c'est possible si nous savons comment faire et si nous sommes suffisamment motivés : "Je travaille dur, mais je ne vois pas le moindre résultat ! Vous reconnaissez-vous dans cette phrase ? Peut-être que lorsque vous le dites, les gens qui vous connaissent se moquent un peu de vous, considérant que c'est l'excuse habituelle. En fait, il est très fréquent, et probable, qu'un véritable travail ne donne pas les résultats que nous espérons. La raison en est que, malheureusement, la détermination seule ne suffit en aucun cas : il faut que la force et l'effort que nous déployons pour faire ce que nous faisons soient orientés et raisonnés, disciplinés avec précision.

Il ne suffit pas de "s'efforcer" quelques jours par semaine, peut-être seulement quand on en a envie, pour obtenir un résultat : lorsqu'il n'y a pas de discipline générale dans notre vie et notre attitude, il est particulièrement difficile d'atteindre nos objectifs. L'autodiscipline, en fait, est quelque chose qui implique notre existence à 360 degrés, et non un tour de force à mettre en place quand cela se produit. Il s'agit d'un vaste parcours qui touche tous les aspects de notre existence, à réaliser avec constance et dévouement dans le temps ; nous ne pouvons pas espérer avoir une prise de fer sur nous-mêmes si nous ne partons pas de l'auto-observation, en nous analysant en profondeur et dans tous les aspects. La vie professionnelle dépend pas de la vie personnelle, la vie sociale dépend pas de notre bien-être psychophysique, et ainsi de suite. En bref, l'autodiscipline n'est pas simplement synonyme d'engagement : elle le présuppose et l'exige, bien sûr, mais ce n'est pas exactement la même chose. L'autodiscipline, c'est avant tout le contrôle, la planification et la prévoyance : c'est la construction d'une attitude positive et constructive à long terme. Il n'y a pas d'alternative : pour avoir la meilleure chance de tirer le meilleur de soi-même et d'exploiter au maximum son potentiel, il faut s'entraîner à la persévérance, à la constance et à l'endurance ; il ne s'agit pas de changements qui se produisent du jour au lendemain, on ne peut pas penser à passer instantanément de personnes sédentaires et routinières à des aventuriers sportifs : l'astuce est de procéder progressivement, d'aller lentement, mais sans jamais s'arrêter et se décourager. Il est également important, une fois que nous avons identifié la voie à suivre, de suivre notre propre chemin, indépendamment des distractions et de la négativité que peuvent nous transmettre ceux qui tentent de nous dissuader de notre intention : comme nous l'avons déjà dit, nous sommes les seuls à savoir ce qui est bon pour nous et pour notre réalisation. Il est difficile de ne pas être conditionné ou de ne pas résister à la tentation de chercher la manière la plus simple, peut-être dans une vie statique et conventionnelle, de se conformer à la société et de faire siens les désirs et les ambitions des gens qui nous entourent ; mais sommes-nous prêts à courir le risque de sentir, tôt ou tard, que nous avons gaspillé notre vie ?

Pourquoi est-il important de développer l'autodiscipline de nos jours ?

"La discipline est le pont entre le but et le résultat".
- Jim Rohn

Chacun de nous est soumis, au quotidien, à un martèlement continu par différents facteurs extérieurs : grâce aux outils technologiques, qui rendent l'échange d'informations et de données pratiquement instantané, notre attention est soumise à une sollicitation constante par d'innombrables stimuli que nous pouvons difficilement filtrer et gérer en toute conscience ; pour certains, nous les recherchons volontairement, pour d'autres, nous sommes soumis passivement, même contre notre volonté, comme dans le cas des publicités, bannières, annonces ou suggestions d'achat qui apparaissent un peu partout en surfant sur le web. La journée typique d'une personne du 21e siècle vivant en Occident est remplie de nombreuses raisons de se distraire ; certaines sont agréables et intéressantes, il n'y a rien à dire, elles nous permettent de nous détendre et de récupérer notre énergie et il n'est pas strictement nécessaire que nous y renoncions. Passer quelques moments de la journée à regarder la télévision ou à se promener sur YouTube sans but précis ne nous empêchera certainement pas de mener une vie riche et satisfaisante : ce qui compte, c'est de pouvoir fixer les bonnes limites et de toujours pouvoir arrêter quand on le juge approprié. La surabondance de stress externe et de stimulations sensorielles continues peut même conduire à une sorte d'accoutumance malsaine : on le voit malheureusement chez les enfants qui sont autorisés à utiliser librement des appareils électroniques qui semblent littéralement aspirés par l'écran et incapables d'échapper à l'attraction globale qu'ils exercent sur leur attention. Les adultes ne sont pas moins touchés par le problème : combien de fois, à partir d'une recherche ciblée sur le web, vous retrouvez-vous à visiter des sites ou à regarder des images qui n'ont aucun rapport avec ce que vous recherchiez ; ou encore combien de fois vous retrouvez-vous à perdre des heures et des heures sur les réseaux sociaux, sur des profils de personnes que vous ne connaissez même pas ? Une fois que vous êtes entré dans le vortex de la distraction, il est difficile d'en sortir et de reprendre les activités auxquelles vous étiez initialement confronté avec la même concentration. Les distractions continues de ce type nous conduisent inexorablement à la confusion mentale et à l'incapacité de nous concentrer au maximum sur un engagement particulier auquel nous devons faire face. Nous devons toujours garder à l'esprit que le fait d'être soumis à une stimulation continue, composée d'éléments hétérogènes et non reliés entre eux et, surtout, non sollicitée, risque d'épuiser notre capacité de concentration et nos énergies mentales au fil du temps, sans même nous en rendre compte ; la réception continue d'informations risque de nous détourner de nos objectifs et de dépouiller notre capacité à nous concentrer sur un objectif particulier. La conséquence néfaste de tout cela sera que nous nous retrouverons en extrême difficulté lorsqu'on nous demandera de nous concentrer, de mettre tous nos efforts dans une certaine tâche, qui est peut-être, après tout, la seule qui nous importe vraiment et qui a une valeur significative par rapport à nos projets de vie.

Le mode de vie typique de la société contemporaine, comme nous l'avons vu, risque de nous paresser non seulement mentalement mais aussi physiquement. Nous n'avons jamais bénéficié d'autant de confort qu'aujourd'hui : la plupart des gens sont occupés à des travaux de bureau, sédentaires et statiques ; il est rare qu'au cours de la journée, il y ait un réel besoin d'un effort physique important. Ceux qui font des efforts physiques ou manuels sont généralement ceux qui les recherchent volontairement en faisant du sport ou en cultivant des passe-temps ; et ils ne sont pas nombreux. C'est pourquoi il est courant de s'allonger, tendant à assumer un style de vie routinier et peu dynamique, limité à l'accomplissement de ce qui nous est indispensable ou de ce qui nous coûte le moins cher en termes de fatigue et d'inquiétude. Mais en adoptant cette façon de faire, ne risquons-nous pas de "gaspiller" les avantages que nous offre le mode de vie occidental ? Allons-nous transformer les garanties et les conforts en raisons de détérioration et de dégradation ? Nous entendons souvent dire que nous vivons à l'ère du multitâche : avec un processus d'adaptation aux appareils électroniques modernes plutôt inquiétant, les êtres humains contemporains doivent savoir faire beaucoup de choses en même temps : comment cela est-il possible reste un mystère, car la plupart des gens sont incapables de faire ne serait-ce qu'une chose à la fois avec engagement et concentration. La vérité est qu'à l'ère de la vitesse, voire de l'instantanéité, l'apparence d'efficacité et l'image de haute performance sont souvent plus importantes que la substance. Les gens qui se vantent de faire mille choses sont très souvent les mêmes qui les font extrêmement mal, sans amour ni passion et qui se retrouvent souvent rapidement vidés et anéantis par leur vie trépidante. L'autodiscipline nous permettra, une fois nos objectifs visualisés, de calibrer nos énergies de la meilleure façon possible, sans les disperser, afin de les utiliser au mieux pour poursuivre ce qui nous importe vraiment. Souvent, c'est précisément l'anxiété et l'agitation liées à la performance qui nous font gaspiller nos meilleures ressources, tant physiques que mentales : la tranquillité psychophysique est la meilleure garantie que nous ayons pour exploiter pleinement notre potentiel et nos qualités.

Nous ne devons pas avoir peur de "ne rien faire", de donner un répit à notre esprit et à notre corps : au contraire, la capacité de ne rien faire et de ne rien penser, aujourd'hui sous-estimée, est un élément très important pour apprendre à se concentrer et à tirer le meilleur de soi-même. Habitués à un mode de vie qui n'est pas conçu pour exploiter pleinement nos compétences, nos talents, notre inventivité et qui ne leur permet pas de se développer et de s'épanouir de manière luxuriante, nous risquons de nous réduire à de simples spectateurs des événements de notre vie, qui s'écoulent inexorablement sans que nous nous en rendions compte, et de nous rendre compte ensuite, peut-être lors de la fatidique crise de la quarantaine, que nous n'avons pas utilisé tout notre potentiel et que nous n'avons pas eu toutes les expériences de vie que nous aurions voulues. Le regret est l'un des pires sentiments que l'on puisse ressentir : comme on dit, il vaut mieux avoir des remords que des regrets ; toujours repousser ses projets à une date ultérieure peut être très risqué, après tout nous savons tous que nous ne vivrons pas éternellement !

Afin de développer votre volonté et de vous assurer que vous utilisez votre énergie de la meilleure façon possible, en obtenant des résultats certains et solides, vous devez tout d'abord connaître certaines données sur le fonctionnement de votre esprit, quels sont les mécanismes qui déterminent et régulent vos choix, vos sentiments et vos émotions, afin de pouvoir les gérer au mieux. L'étude de l'être humain et de son esprit représente peut-être le défi le plus important que les disciplines scientifiques et humanistes aient eu à relever. Tout au long de l'histoire, il y a eu des écoles de pensée très différentes, des conclusions parfois antithétiques ont été tirées et même aujourd'hui, malgré les succès et les progrès considérables, nous sommes toujours dans l'ignorance sur de nombreux aspects.

Qu'est-ce qui affecte le comportement humain ?

" C'est difficile d'échouer, mais c'est encore pire de ne pas avoir essayé de réussir. "

- Theodore Roosevelt

En 1972, le psychologue américain Walter Mischel, professeur à l'université de Stanford, a mené une célèbre expérience dont l'objet de recherche est la maîtrise de soi, connue sous le nom " expérience du marshmallow ", dont les implications intéressent encore aujourd'hui la communauté scientifique. En quoi consiste cette expérience ? Mischel a placé devant plusieurs enfants, âgés de 3 à 7 ans, un gâteau à leur goût, en leur expliquant que s'ils pouvaient résister pendant plus de 15 minutes à la tentation de le manger, ils en recevraient un autre ; à ce stade, les enfants sont laissés seuls dans une pièce, assis sur une chaise et avec la douce tentation placée sur une assiette juste devant eux. Les scènes suivantes sont tragicomiques ! Les pauvres enfants sont tous tentés d'essayer de se distraire de l'instinct de prendre le bonbon et de le manger en une seule bouchée : quelqu'un fredonne une chanson, quelqu'un tord les vêtements et les cheveux, quelqu'un se couvre les yeux avec ses mains : c'est vraiment difficile de résister ! Seul un tiers des petits participants sera capable de résister à l'envie de manger le dessert immédiatement pour en avoir un deuxième, tandis que les autres ne feront pas preuve de suffisamment de maîtrise de soi pour reporter la satisfaction, préférant, au sens figuré, l'œuf aujourd'hui à la poule demain. Les résultats et les implications les plus intéressants de cette expérience résident dans ses prolongements, qui sont en cours aujourd'hui : les participants à l'expérience ont été soumis, à l'adolescence puis à l'âge adulte, à d'autres types de tests. L'intention du professeur Mischel était, dès le début, de surveiller comment les traits de caractère et les comportements des enfants qui faisaient preuve d'une plus grande autodiscipline que ceux qui ne pouvaient pas résister à la tentation de manger la première guimauve seraient différents dans les années suivantes.

Les résultats ont été révélateurs : les enfants qui ont prouvé qu'ils étaient capables de se contrôler devant le dessert sont les mêmes qui, en âge scolaire, ont obtenu les meilleurs résultats et, à l'âge adulte, ont eu plus de succès dans leur vie professionnelle et personnelle, montrant une plus grande résistance au stress, une plus grande estime de soi et même un indice de masse corporelle plus bas. Quelles conclusions pouvons-nous tirer de ces données ? Que nous apprennent-ils sur le comportement humain et en particulier sur l'autodiscipline ? Cette expérience souligne la grande importance de l'autodiscipline dans notre vie, une capacité que nous pouvons considérer comme une garantie de succès et d'épanouissement personnel. Comme nous l'avons vu d'après les résultats du test, seul un petit nombre d'enfants participant à l'expérience ont pu reporter leur satisfaction afin de réaliser quelque chose de plus, bien que ce ne fût pas, après tout, une tâche si onéreuse et difficile à accomplir : même en sachant qu'en abandonnant une petite tentation ils auraient réalisé quelque chose de nettement plus gratifiant, ils n'ont pas pu s'imposer et lutter contre leurs pulsions immédiates.

L'autodiscipline est une faculté sur laquelle il faut travailler au fil du temps, car très peu d'individus la possèdent, pour ainsi dire, de manière innée, en la recevant "en cadeau" avec leur propre caractère. La capacité à contrôler ses impulsions instinctives est une clé pour mieux réussir dans la vie, pour planifier au mieux ses actions et pour évaluer les situations de manière critique et objective : quelle que soit notre condition de départ, nous ne devons pas douter que, même à l'âge adulte, nous pouvons apprendre à gérer nos impulsions de la meilleure manière possible, grâce à ce que nous pourrions appeler une véritable formation, comme un stage ou un programme de formation. Quelqu'un a avancé des hypothèses intéressantes selon lesquelles la volonté peut dépendre directement de la première éducation donnée aux jeunes enfants dès les phases d'allaitement et de sevrage et que, par conséquent, une plus grande autodiscipline est attribuable à la culture d'appartenance ou au type d'éducation reçue. Il est extrêmement difficile de faire des généralisations et de faire face à cette question : chaque époque et chaque culture a développé ses propres "règles" sociales, son propre code de conduite qui gère la manière dont nous

nous rapportons à nos émotions, tant en privé qu'en public ; cette approche est la nôtre depuis l'enfance et il est extrêmement difficile qu'elle diminue au fil des ans. D'une manière générale, il est toujours très difficile d'identifier une cause univoque à partir d'un certain trait de caractère, d'une certaine façon de se poser, d'une attitude répétée dans le temps ; de même, il est très difficile d'établir de quoi dépend la possession innée et naturelle d'un certain degré de maîtrise de soi et de discipline.

Cependant, nous pouvons affirmer, avec un certain degré de sécurité, que les actions et les réactions des personnes les plus impulsives et les moins capables de se contrôler tendent à être gérées de manière plus décisive et prédominante par le système limbique, tandis que celles des personnes les plus contrôlées et disciplinées par le cortex préfrontal. Qu'est-ce que cela signifie ? Quels sont les éléments qui caractérisent ces deux zones cérébrales différentes ? Le cerveau humain porte en lui la trace de l'évolution qui a marqué l'histoire anthropologique : la structure du cerveau, en effet, est composée de plusieurs zones, qui correspondent à différentes couches évolutives. La théorie du cerveau trinitaire, développée par le scientifique Paul MacLean, repose sur l'idée que le cerveau est composé de trois niveaux différents : un cerveau reptilien, un cerveau limbique et un cerveau néocortical ; chacune de ces zones, à son tour composée de plusieurs composants, est responsable de la régulation d'une fonction comportementale spécifique. Le cerveau reptilien, comme on peut le déduire du nom, est l'élément le plus ancien et que, d'une certaine manière, nous partageons avec de nombreuses autres espèces animales : c'est la zone du cerveau chargée de contrôler les instincts primordiaux, ceux qui régulent les besoins fondamentaux pour assurer notre survie, la nôtre et celle de l'espèce tout entière. Le cerveau limbique, également appelé cerveau paléo mammifère, puisqu'il caractérise les mammifères, occupe une position plus avancée sur l'échelle de l'évolution : c'est le système cérébral responsable du contrôle des émotions et des sentiments et de leur expression, tant négative comme la colère et la peur, que positive comme la joie et l'amour. Enfin, le cerveau néocortical comprend toutes les structures cérébrales impliquées dans l'exercice de la rationalité, donc, en simplifiant beaucoup, dans toutes ces activités et capacités qui distinguent l'homme des autres animaux : nous pourrions le définir comme le véritable cerveau "pensant". Ce que nous essayons d'imposer à notre esprit, ou à notre cerveau, lorsque nous nous engageons à développer notre autodiscipline, c'est de donner un plus grand pouvoir de contrôle à la zone rationnelle, celle qui est plus avancée sur le plan de l'évolution que le cortex préfrontal, qui agit dans une zone plus froide, plus logique, détachée du système émotionnel régulé principalement par le système limbique, qui fait qu'une réaction immédiate et peu raisonnée correspond à un stimulus, héritage génétique d'une époque, aujourd'hui lointaine, où la vie exigeait des éclairs et des décisions instinctives, si nous voulions assurer notre survie. Si nous voulions fournir une clé d'interprétation de l'expérimentation du marshmallow à partir de ces informations sur le fonctionnement de notre cerveau, nous pourrions dire ceci : chez les enfants qui ne pouvaient pas s'empêcher de saisir le gâteau pour le manger immédiatement, le système limbique a pris le contrôle total de la situation, sapant et marginalisant la contribution du cerveau néocortical, ce qui, pour sa part, aurait nécessité de reporter la gratification en vue d'un bénéfice bien plus important. Comme nous l'avons dit, il est très difficile d'expliquer pourquoi cela se produit. L'étude de l'esprit humain est une discipline extrêmement complexe : il existe différentes écoles de pensée, le sujet est extrêmement compliqué et fait l'objet de débats depuis des siècles.

De la psychologie, à la philosophie, à l'anthropologie : il y a différentes branches de la connaissance qui traitent du comportement humain, en essayant de comprendre sa logique, ses fondamentaux, pour savoir dans quelle mesure il peut être modifié par la volonté, quels sont les facteurs fondamentaux qui le conditionnent, quelle place nous devons donner à la génétique et quelle place nous devons donner à l'environnement, au contexte social, aux expériences. Ce que nous pouvons dire avec une relative certitude, c'est que chacun d'entre nous, comme toutes les autres espèces animales, est doté, dès sa naissance, d'instincts innés, que la nature nous a fournis afin de pourvoir à nos besoins de survie et d'un bagage génétique qui nous rend unique par rapport aux autres êtres humains. Avec les progrès de la civilisation, nous avons tous appris à apprivoiser et à gérer, dans une certaine mesure, nos pulsions primaires : cela nous a permis de construire des civilisations organisées et évoluées, de poursuivre des objectifs qui ne se limitent pas au simple approvisionnement en nourriture et à la recherche de partenaires sexuels. Bien sûr, cette répression systématique des pulsions naturelles nous présente souvent un récit problématique : c'est le soi-disant malaise de la civilisation, comme le disait Freud, qui peut se manifester indirectement sous diverses formes, même pathologiques. Nous ne parcourons certainement pas la ville en brandissant une massue et en volant de la nourriture des mains des passants, mais la plupart d'entre nous s'attardent très fréquemment sur des comportements et des activités bas et peu édifiants, même si, pour ainsi dire, ils sont socialement acceptés. Même en menant une vie paresseuse et sédentaire, nous nous livrons à nos instincts et plaisirs les plus immédiats et les plus insignifiants ; nous nous limitons à éviter soigneusement tous ces comportements socialement inacceptables, mais nous ne réprimons pas nombre de ces attitudes dont nous savons qu'elles sont inutiles ou pire encore nuisibles, principalement pour nous-mêmes et nos proches. Posséder un plus grand contrôle de nos instincts signifie disposer d'un outil fondamental pour aspirer à des buts et des objectifs beaucoup plus élevés et plus importants. Obtenir la liberté de mener une vie paisible et confortable est, si l'on veut, un luxe que notre civilisation a difficilement atteint : nous ne préférerions certainement pas avoir à faire face, au quotidien, à des bêtes féroces, à des guerres ou à des situations qui mettent constamment notre vie en danger. Toutefois, il est important de s'efforcer de faire de ce privilège un véritable avantage, et non d'en faire un fardeau et une condamnation de la paresse, tant physique que mentale. Tout comme nous avons fait des progrès incroyables par rapport à nos ancêtres qui vivaient à moitié nus dans des grottes, nous pouvons aspirer à nous améliorer grâce à de nouvelles compétences, en tirant parti de notre potentiel naturel avec intelligence et méthode. Nous avons vu comment une plus grande maîtrise de soi a garanti aux enfants de l'expérience un plus grand succès et une plus grande satisfaction de la vie : tout comme nous avons appris chaque jour à réprimer plusieurs de nos instincts fondamentaux, nous pouvons aspirer à acquérir un contrôle toujours plus étroit de nos impulsions involontaires, de sorte que chacune de nos actions soit soumise à l'examen vigilant de la rationalité. Notre esprit est un outil extrêmement puissant et la plupart d'entre nous ignorent son véritable potentiel : accablés et dépendants de nos habitudes quotidiennes, nous nous sentons rarement incités à explorer nos véritables capacités, à nous fixer des objectifs de plus en plus élevés, tant sur le plan mental que physique. On dit souvent que les êtres humains n'utilisent que 10 à 20 % du potentiel de leur cerveau : bien sûr, nous ne sommes pas en mesure de quantifier ces données avec une telle précision que fournir un pourcentage risque d'être une simplification excessive. Ce qui est prouvé et indéniable, c'est que, s'il n'est pas soumis aux stimulations appropriées, notre esprit tend inexorablement à se détendre et le passage du temps risque d'aggraver la situation : c'est pourquoi il est suggéré aux personnes âgées de toujours rester actives pour éviter le développement de pathologies telles que la démence ou la maladie d'Alzheimer, mentalement avant même physiquement. Comme tous les animaux, les êtres humains sont appelés à satisfaire certains besoins fondamentaux : mais contrairement aux autres espèces, les êtres humains sont faits d'instinct et de rationalité : c'est ce qui les différencie des autres animaux. Notre esprit est capable de freiner les instincts, de retarder l'obtention du plaisir, de planifier des actions. Outre une plus grande maîtrise des instincts, les êtres humains ont, tout au long de l'histoire, développé et cultivé une série de motivations et d'objectifs supérieurs à la simple satisfaction des besoins physiologiques : chaque culture, chaque époque et chaque être humain cultive ses aspirations, ses désirs, ses projets de vie.

Cependant, il arrive souvent que notre volonté et notre détermination ne soient pas à la hauteur de nos souhaits et de nos ambitions. Si votre motivation et votre volonté ne sont pas suffisantes pour vous guider vers la réalisation de vos projets, vous devrez développer une plus grande autodiscipline. N'ayez pas peur : différer ou refuser la jouissance d'un plaisir, physique ou mental, n'a pas pour but de supprimer notre composante instinctive et passionnelle. Il existe de nombreuses orientations philosophiques et religieuses qui font de l'éradication totale des désirs leur but ultime : ce n'est pas cela l'autodiscipline, telle que nous la comprenons. Au contraire, ce que nous voulons obtenir par l'accomplissement de l'autodiscipline et de la maîtrise de soi, c'est la satisfaction des passions les plus élevées, des passions les plus nobles ou simplement de celles qui nous tiennent le plus à cœur et dont nous savons qu'elles peuvent nous apporter une satisfaction bien plus grande que les petits plaisirs quotidiens.

Comment acquérir une plus grande autodiscipline

"Il n'y a pas de vent favorable pour celui qui ne sait pas où aller" - Lucio Anneo Seneca

Beaucoup de gens pensent que l'autodiscipline est une sorte de dot innée, qu'elle est le résultat d'une disposition de caractère très précise et que la capacité à se contrôler et à se discipliner est une qualité qui ne peut pas être développée au cours de la vie, surtout à l'âge adulte : soit on l'a, soit on ne l'a pas ! En réalité, ce n'est pas du tout le cas : la maîtrise de soi et la volonté sont deux facultés que nous pouvons entraîner et améliorer grâce à un entraînement ciblé, tout comme s'il s'agissait de muscles du corps. Les débuts, vous le savez, sont toujours difficiles et frustrants, parfois même démoralisants : nous voyons tout le chemin qui nous reste à parcourir, une route en montée qui ne nous permet pas de distinguer clairement le but final pour lequel nous nous battons. Par quoi devons-nous commencer lorsque nous fouillons dans l'obscurité totale ? Comment sortir de votre routine quotidienne et commencer à améliorer votre vie ? A partir d'une analyse approfondie et critique de soi-même et de ses défauts. L'adage socratique, qui a traversé tous les siècles de l'histoire humaine depuis la Grèce classique, est plus valable que jamais de nos jours : il ne sert à rien de s'inquiéter du monde extérieur et des autres si nous ne nous connaissons pas nous-mêmes au départ.

Apprendre à se connaître

Avoir une stratégie gagnante pour réussir ne sert à rien si nous n'avons pas un objectif clair à atteindre. Peut-être êtes-vous une personne sédentaire, avec un travail monotone et sans perspectives, vous ne cultivez pas d'intérêts ou de hobbies et cela vous convient, vous êtes serein et en paix avec vous-même et vous ne changeriez rien à votre vie, pour rien au monde. Quel droit les autres ont-ils de juger ? Chacun est libre de mener le style de vie qu'il veut, personne ne doit s'inquiéter de ce que pensent les autres. Le chemin vers l'autodiscipline est difficile et complexe, il exige dévouement, engagement et constance ; il s'adresse donc à toutes les personnes qui ressentent un besoin profond de procéder à des changements substantiels et drastiques dans leur vie personnelle, à celles qui se sentent emprisonnées dans leur routine et leurs limites et ressentent le besoin d'entamer un nouveau chemin, qui les mènera vers la réalisation de leurs objectifs. L'autodiscipline est une voie qui ne peut être suivie que par ceux qui ont la bonne motivation, par ceux qui veulent que leur vie prenne une autre direction, par ceux qui se sentent piégés dans leur routine quotidienne et aspirent à autre chose. Après tout, il serait inutile de devenir des personnes disciplinées et productives si nous n'avons pas d'objectif fixe : ce serait comme tourner, avec difficulté, en vain. La plupart des gens cultivent en eux des rêves, des désirs, des espoirs : qu'il s'agisse de ceux qui nous accompagnent dès le plus jeune âge ou de nouveaux projets qui sont le fruit d'un récent et fulgurant éclair de génie, nous avons tous généralement envie de quelque chose. La première étape pour vous réaliser est de reconnaître, d'accepter et d'apprécier vos désirs, même s'ils semblent impossibles à réaliser ou s'ils sont en contradiction avec votre mode de vie actuel ! Vous êtes directeur d'une grande entreprise mais votre rêve est de devenir un maître du tango ? Vous êtes mère de cinq enfants mais vous voulez entrer à l'université ? Acceptez votre désir avec sérénité, en évitant les décisions risquées dictées par l'instinct, mais en planifiant avec calme et rationalité ce qui pourrait être une solution réaliste pour obtenir ce que vous voulez. La première étape pour atteindre le résultat souhaité ? Comprendre ce que l'on veut, être toujours sincère et honnête avec soi-même. Beaucoup de gens vivent des vies qu'ils ne ressentent pas du tout comme les leurs : piégés dans une carrière qui leur a été imposée par leur famille, obligés de passer leur temps libre à faire des activités qu'ils planifient pour les autres, forcés d'adopter une attitude qui leur semble imposée de l'extérieur. La première étape pour faire une réelle différence dans notre existence est de comprendre ce que nous voulons vraiment pour nous-mêmes, sans conditionnement extérieur et sans pression de la famille, des amis ou du cercle social auquel nous appartenons. Souvent, une profonde insatisfaction se cache dans des personnes apparemment comblées, dont on ne saurait douter du bonheur et de l'épanouissement, en s'arrêtant au moins à une analyse superficielle.

Contrairement à ce que nous serions tentés de croire, ce sont souvent les personnes qui ont obtenu de plus grandes réussites dans la vie qui se sentent écrasées par une routine oppressante qu'elles ne se sentent pas elles-mêmes, incapables de se libérer de la routine quotidienne qui s'est consolidée au fil des ans et qui draine toutes leurs énergies vitales. Habitués à ne faire plaisir aux autres et à ne donner le meilleur d'eux-mêmes que du point de vue du travail ou de l'école, beaucoup de gens perdent, avec le temps, le contact avec eux-mêmes, s'éloignant de ce qu'ils veulent vraiment : reprendre les rênes de leur vie, à ce moment-là, est une tâche ardue, mais grâce à l'acquisition d'un plus grand contrôle d'eux-mêmes et de leurs émotions, il est toujours possible de donner un tournant décisif à leur existence. Il n'est parfois pas facile de chercher en soi-même quels sont nos désirs les plus authentiques, car ils sont enterrés et oubliés au fil des ans, minés par la routine, les engagements ou le désir de plaire à quelqu'un : il faut parfois une longue période de transition avant de pouvoir entendre à nouveau notre véritable voix intérieure.

Vous pouvez vous sentir malheureux, déprimé ou insatisfait, mais vous ne comprenez même pas pourquoi et vous ne savez pas ce qui pourrait vous faire sentir mieux : dans ces cas-là, il est difficile d'obtenir de vous-même des réponses immédiates qui puissent guider et éclairer le chemin que vous devez prendre. Vous pourriez commencer par vous occuper de choses plus simples : acquérir des habitudes plus saines, garder votre maison ou votre bureau rangé, faire plus de sport, lire davantage. La spécificité et la délimitation sont des garanties de succès : commençons par les petites choses, qui ne sont peut-être pas de vrais rêves, pour acquérir la bonne détermination et la volonté d'explorer en soi et de revenir à sa volonté et à ses ambitions réelles, dormant de l'habitude et des années passées à vivre une vie qui n'était peut-être pas la vôtre. Pour atteindre le bonheur et la sérénité, il est fondamental d'apprendre à s'écouter et à écouter sa voix intérieure : efforcez-vous, jour après jour, d'avoir toujours l'esprit et le cœur clairs, de savoir ce que vous voulez et ce que vous désirez, et pas seulement de faire plaisir aux autres. Il ne s'agit pas de devenir égoïste et négligent à l'égard des autres, mais d'individus qui, à juste titre et légitimement, pensent à leur propre bien-être, ne tenant pas pour acquis qu'ils doivent toujours faire passer le bien-être des autres avant le leur. Dans les limites de l'éducation et du bon sens, forcez-vous à vous exprimer, à exprimer votre déception ou votre opposition : n'hésitez jamais à dire ce que vous pensez et à préciser ce que vous voulez. Cette attitude vous fera acquérir, au fil du temps, de plus en plus de contact avec vous-même et vos émotions.

Avant de s'engager dans une voie visant à atteindre une plus grande autodiscipline, il est important de comprendre quels sont les objectifs que nous voulons atteindre et pour lesquels nous sommes prêts à investir de l'énergie et à faire des sacrifices : au moins à un stade précoce, il serait insensé de se concentrer sur une multitude de projets différents ; au contraire, il vaut mieux établir une liste raisonnée des objectifs les plus importants à un moment donné, sur lesquels nous devons consacrer toute notre énergie : il est donc important qu'ils soient des objectifs particulièrement motivants, sur lesquels nous devons nous concentrer totalement, afin de ne pas disperser notre énergie et notre concentration. D'autre part, ceux qui ne veulent rien de trop se retiennent ! Comme nous le verrons plus tard, plus un objectif est précis et défini, plus il sera facile de le poursuivre, en obtenant des résultats tangibles et rapides.

Faites un examen critique de vous-même

L'une des principales causes d'échec est d'être trop indulgent avec soi-même, de se pardonner toutes ses fautes et ses défauts. Mettons-nous, métaphoriquement, devant un miroir et soumettons-nous avec nos habitudes, nos traits de caractère et notre comportement à un examen critique, sévère et rigoureux ; concentrons notre attention sur nos défauts et nos lacunes et évaluons l'impact négatif qu'ils ont sur notre épanouissement personnel et la réalisation de nos objectifs. Nous pensons donc à tout ce que nous devrions ou voudrions améliorer à notre sujet, sans faire appel à des justifications, des excuses ou des circonstances atténuantes, comme nous l'avons bien sûr déjà fait auparavant.

Juger sans pitié peut être l'une des plus fortes motivations pour prendre notre vie en main et décider de faire des changements drastiques.

Aimez-vous ce que vous êtes devenu ? Êtes-vous satisfait de votre position allongée ? Y a-t-il des aspects de votre personnalité que vous devriez changer ? Votre façon de faire est-elle toujours appropriée ? Vous devez être votre critique la plus pédante et la plus inflexible, vous ne devez pas attendre de quelqu'un d'autre qu'il vous montre la voie de votre amélioration : vous seul savez ce qui est le mieux pour vous. Ou plutôt, nous ne devrions certainement pas rejeter l'aide qui nous est proposée : les suggestions, surtout si elles viennent de ceux qui nous aiment et qui se soucient de nous, peuvent être d'une aide très importante ; très souvent, nous regarder avec les yeux des autres peut être la seule clé pour obtenir un jugement vraiment objectif de nous-mêmes.

Mais en même temps, vous ne devez pas oublier que vous êtes le seul responsable de vous-même et de vos choix : si vous échouez, vous n'aurez pas la possibilité de rejeter la faute sur quelqu'un d'autre. Il faut donc identifier objectivement quels sont vos défauts, vos habitudes les plus néfastes, vos peurs et vos faiblesses : commençons par déconstruire, par fragmenter votre routine quotidienne, brique par brique, action après action, en décidant ce qu'il faut laisser et ce qu'il faut enlever, ce qui est fonctionnel pour atteindre ce que vous voulez et ce qui ne l'est pas ; calmement, jour après jour, vous les remplacerez par de nouvelles habitudes, de nouvelles attitudes, de nouvelles activités. Les êtres humains, vous savez, ont tendance à regarder la paille dans les yeux des autres, en négligeant la poutre dans les leurs : critiquer et juger les autres est incroyablement plus facile que s'observer soi-même avec un esprit objectif.

Pourtant, être capable de s'autocritiquer, de regarder ses propres défauts de manière positive et avec une certaine ironie, est l'une des caractéristiques fondamentales des personnes qui réussissent, de celles qui ne cessent de tirer les leçons de leurs erreurs et de leurs faiblesses. Il est important de s'évaluer en réaction aux autres et au monde qui nous entoure : examinons-nous notre comportement, nos actions et nos réactions envers les autres : sommes-nous toujours adéquats ? Sommes-nous pris dans l'émotion du moment et risquons-nous de compromettre nos relations ? En plus de l'intelligence logique, il est fondamental dans la vie de développer sa propre intelligence émotionnelle, et d'apprendre à se comporter de la manière la plus appropriée et la plus consciente lorsque nous sommes avec d'autres personnes, en gérant ses propres émotions et en reconnaissant celles des autres.

La capacité à faire son autocritique est donc un élément essentiel d'un cheminement personnel sain et positif : il faut cependant faire très attention à ne pas en faire trop, au risque de devenir excessivement critique et prétentieux envers soi-même. En fait, beaucoup de gens ont tendance à assumer beaucoup plus de responsabilités qu'ils n'en ont réellement, se jugeant toujours inadéquats et évaluant toujours leur travail comme insuffisant. La vertu se trouve au milieu : prenez vos responsabilités, mais sans attribuer de reproches ou de fautes que vous n'avez pas vraiment, ne portez pas le poids du monde entier sur vos épaules.

Une fois qu'une carence, une inadéquation dans votre façon de faire est identifiée, il est toujours important d'être constructif : ne vous laissez pas aller à pleurer ou à vous apitoyer stérilement, mais agissez toujours positivement, dans le but de tirer les leçons de vos erreurs, en en faisant toujours une nouvelle opportunité de croissance et d'amélioration. Que pouvez-vous réellement faire pour devenir plus autocritique ? Encouragez les autres (membres de la famille, collègues ou amis) à dire ouvertement et sincèrement ce qu'ils pensent de vous et de votre travail, sans vous offenser en cas de critique mais, au contraire, efforcez-vous toujours d'accueillir les commentaires constructifs. Agissez de manière à toujours remettre en question la pertinence et la légitimité de votre comportement : combattez cette tendance naturelle à vous mettre sur la défensive et à vous justifier lorsque vous recevez des critiques et efforcez-vous de les accueillir positivement, en les considérant comme une bonne occasion d'amélioration. Ne supposez pas que les autres ont toujours tort, remettez-vous en question autant que possible ! Quand on pense à nos problèmes, à nos échecs, à nos défaillances, on a tendance, la plupart du temps, à rejeter la faute sur les autres : la famille, le partenaire, le milieu dans lequel on a grandi, le patron au travail ; ce sont toujours les autres qui nous coupent les ailes et nous empêchent de prendre notre envol ! Faire porter le chapeau aux autres est un stratagème pour éviter d'assumer la responsabilité de ses propres actions : concentrez-vous sur vous-même et sur ce que vous pouvez faire en pratique, ne pensez pas au monde extérieur et, même s'il y a quelqu'un à blâmer, faites face avec lucidité et allez de l'avant, sans trop ruminer ni garder rancune.

Établir une liste d'objectifs semble être une opération facile, inutile, que chacun peut faire sans trop y réfléchir et sans devoir suivre des règles particulières ; en fait, établir une liste raisonnée de ses propres objectifs peut également être un véritable défi, car cela nécessite le respect d'un certain critère. Imaginons que nous ayons devant nous une feuille de papier sur laquelle nous pouvons écrire nos désirs les plus importants, ceux qui nous tiennent le plus à cœur : le simple fait d'écrire "Je veux être heureux" aidera-t-il à déterminer une stratégie réaliste pour améliorer sa vie ? Certainement pas, car il est trop vague et générique pour être traduit en une série d'habitudes quotidiennes, en une stratégie, en un projet dont nous pouvons évaluer les résultats en peu de temps. Surtout au début, il est extrêmement utile de penser en "petit", de résister à la tentation de tout vouloir et immédiatement, en se concentrant au contraire sur des objectifs quantifiables et gérables que nous pouvons intégrer plus facilement et immédiatement dans notre routine quotidienne. Nous devons toujours être en mesure d'évaluer le plus précisément possible le pourcentage de réalisation de nos objectifs : il sera difficile de le faire si nous nous sommes fixés des objectifs trop généraux. Il sera beaucoup plus fructueux de dresser une liste, un programme d'engagements beaucoup plus limités et précis : essayons alors d'établir une stratégie précise au jour le jour de ce que nous pourrions cocher à la fin de la journée. Vous voulez être plus productif au travail ? Vous voulez vous coucher tranquillement en sachant que vous avez donné le meilleur de vous-même chaque jour ? Alors ne vous limitez pas à vouloir simplement être plus productif et plus performant, mais décidez en détail de vos objectifs spécifiques. Vous êtes écrivain ou journaliste ? Fixez une quantité impérative de mots que vous devez écrire chaque jour. 3 000 ? Au bout du compte, vous saurez avec une certitude absolue si vous avez réussi ou non cette tâche : bien plus utile qu'un "je veux écrire plus" générique. Votre objectif principal est-il de vous améliorer dans le domaine du sport ? Vous voulez retrouver votre forme ? Même l'objectif "Je veux retrouver la forme" risque d'être trop large et de ne pas être caractérisé par un contenu suffisamment précis et défini : au bout du compte, nous ne pourrons pas nous dire si nous avons fait ou non ce que nous avions prévu de faire. Il est préférable de préférer des engagements tels que : "Je veux pouvoir courir 10 minutes tous les matins", "Je veux passer 2 heures par semaine à l'entraînement", "Je veux me promener après le dîner". Avec le temps, la forme physique viendra d'elle-même ! Ne vous limitez pas à un "je veux faire plus d'exercice" générique : établissez une liste très détaillée d'activités précises à faire chaque jour, éventuellement avec l'aide d'un professionnel. Vous n'avez aucune chance d'y échapper : au bout du compte, que vous les ayez faites ou non, il n'y a pas de solution intermédiaire.

Bien sûr, vous pouvez le faire mal et à contrecœur au début, mais c'est une autre affaire ! À cette fin, vous pouvez emprunter l'un des systèmes utilisés dans la gestion des entreprises, la méthode dite SMART : c'est une technique que nous pouvons utiliser immédiatement pour apprendre à dresser une liste d'objectifs réalistes et réalisables, qui se prêtent à un contrôle et à un suivi appropriés dans le temps. Analysons l'acronyme :

S : Spécifique

M : Mesurable

A : Réalisable (achievable en anglais)

A : Réaliste

T : Temporisé

Nous établissons une liste d'objectifs qui, dans la mesure du possible, répondent à ces caractéristiques. Premièrement, il est essentiel qu'elles ne soient pas trop vagues ou génériques : plus nous serons précis et sélectifs dans nos objectifs, plus nous aurons de chances d'obtenir ce que nous voulons à court terme. Il est également important qu'il soit possible de mesurer, dès le début, nos progrès ; bien sûr, tout ne se prête pas à être exprimé en termes numériques, c'est une chose de vouloir augmenter le nombre de tractions quotidiennes, c'est une chose de vouloir augmenter notre capacité à jouer d'un instrument. Ce que nous pouvons faire dans ces cas-là, c'est contrôler le temps que nous consacrons, jour après jour, à une certaine activité, ou les temps que nous consacrons à une action : il sera plus difficile de quantifier les progrès réels, mais nous pouvons garder une trace du temps que nous consacrons à l'activité. Afin de ne pas courir le risque d'être excessivement déçu par des résultats bien en dessous de ses attentes, il est important que ses objectifs soient calibrés sur les capacités réelles et effectives du moment, et qu'ils soient donc réalistes ; surtout dans les premiers temps, notre corps et notre esprit peuvent ne pas être en mesure de relever avec succès tous les défis qui se présentent à eux : il est important de ne pas exagérer, en tenant toujours compte du besoin physiologique de repos et de récupération. Enfin, il est essentiel de toujours veiller à fixer une date précise, un délai dans lequel s'engager à réaliser notre objectif : après tout, comme l'a dit Walt Disney, la différence entre un rêve et un objectif est une date !

Se coucher le soir en sachant qu'on a réussi un certain résultat nous donnera la bonne motivation pour affronter le lendemain avec la charge nécessaire pour faire encore mieux. Au contraire, si nous n'avons pas réussi à atteindre tous nos objectifs comme nous l'aurions souhaité, grâce à une liste, nous saurons avec certitude ce qui a été fait et ce qui ne l'a pas été, ce qui nous permettra d'agir de manière ciblée et constructive : cela peut sembler idiot ou superflu, mais ne sous-estimez jamais l'importance d'avoir une liste avec les éléments à cocher !

Apprendre à éliminer le superflu

Pour s'engager sur la voie du progrès personnel de la manière la plus constructive possible, il faut être réaliste et ne pas être tenté de cultiver de faux espoirs : vous n'avez pas, et n'aurez jamais, assez d'énergie pour tout faire et le faire bien. Il n'y a pas de super hommes ou de super femmes, il est illusoire de penser qu'on peut exceller dans tous les domaines et avoir un esprit suffisamment clair et un corps suffisamment fort pour faire face à une quantité illimitée d'engagements et de tâches quotidiennes. Nous devons nécessairement prendre des décisions et nous sommes constamment appelés à exclure de nombreuses activités de notre vie, afin de pouvoir poursuivre avec un plus grand engagement ce qui nous intéresse vraiment et auquel nous attachons une plus grande valeur.

C'est une question de priorités : au cours de la journée, notre attention est attirée, parfois trompée ou même épuisée par d'interminables apports extérieurs, vers lesquels nous nous tournons continuellement mais distraitement ; ce que nous voulons atteindre est totalement différent, c'est même le contraire : être capable d'une concentration intense qui se tourne uniquement et exclusivement vers ce qui est vraiment important pour nous, afin de toujours pouvoir visualiser avec soin et poursuivre notre objectif avec constance. Ces dernières années, nous assistons à l'affirmation de la "mode" du minimalisme : si vous faites une recherche rapide sur le web, vous trouverez de nombreux exemples de la manière dont, de nos jours, se débarrasser d'objets inutiles et apprendre à s'en passer sont de plus en plus définis comme des besoins fondamentaux, à la fois pratiques et, surtout, existentiels. Nous vivons dans une société de consommation, nous sommes bombardés de publicités, d'offres, de rabais, de conseils d'achat, et nous nous retrouvons souvent à rentrer chez nous avec une vingtaine d'enveloppes alors que nous sommes sortis juste pour acheter du pain. Nos maisons débordent littéralement d'objets d'une utilité douteuse que nous n'avons jamais utilisés et n'utiliserons jamais : équipements sportifs, kits de bricolage, outils de jardin, vêtements que nous n'aimons pas ou qui ne nous vont pas.

Malheureusement, il ne suffit pas de se débarrasser d'objets inutiles pour libérer son esprit de tout ce qui est superflu : soucis, pensées négatives, angoisses inutiles, peurs ou même phobies. Bien sûr, le minimalisme est sans aucun doute une bonne pratique et un excellent point de départ, mais ce qui compte vraiment pour devenir des personnes autodisciplinées est d'apprendre à exclure de notre vie les activités, les engagements ou les soucis dont nous pensons pouvoir, ou devoir, nous passer. Avoir un mode de vie "minimal" peut aider, mais pour atteindre un véritable équilibre, il faut tenir compte de beaucoup d'autres choses. Il est important que notre esprit soit débarrassé de tout ce que nous ne considérons pas comme fondamental pour atteindre notre objectif : l'autodiscipline est un chemin difficile et fatiguant, et avoir des fardeaux, un poids mort sur les épaules est la pire façon d'entamer un chemin de changement intérieur. Cela peut prendre de nombreuses formes : devoir éliminer les personnes nuisibles, s'éduquer pour ne pas ruminer les problèmes passés, ou même pardonner à quelqu'un, se débarrasser de la colère et du ressentiment.

Il est également important d'apprendre à se passer de toutes ces activités inutiles ou même nuisibles, auxquelles nous consacrons souvent de nombreuses heures de nos journées ; cela ne signifie pas ne pas pouvoir se livrer à des distractions ou à des divertissements, mais être capable d'organiser notre routine quotidienne de manière à ce qu'elle n'empiète pas sur les activités les plus importantes. Décidons du temps à consacrer aux activités de loisirs, comme sortir avec des amis, faire des rencontres, regarder la télévision et s'engager, chaque jour, à respecter ce plan. Que pouvons-nous faire concrètement pour apprendre à donner la place qui convient à chaque activité et, par conséquent, à toujours nous organiser de la meilleure façon possible ? Afin de garder vos priorités claires dans votre esprit, il peut être utile de dresser une liste de ce qu'on appelle les MIT (Most Important Tasks) : il ne s'agit pas seulement d'une liste de choses à faire, mais d'une liste d'objectifs qui nous tiennent le plus à cœur et qui ont la priorité absolue sur d'autres activités ; ce n'est pas tous les jours que nous pourrons consacrer le temps et l'énergie que nous voulons et devons consacrer à nos objectifs, mais il est utile de les avoir toujours à l'esprit lorsque nous nous consacrons à nos tâches quotidiennes, afin que nous soyons toujours clairs sur nos objectifs et que nous placions toujours toutes nos activités sur une échelle d'importance.

Comme nous l'avons déjà dit, nous vivons à une époque caractérisée par une surabondance de stimuli non sollicités : publicité, réseaux sociaux, distractions de toutes sortes : il est important que nous apprenions à maintenir notre concentration, sans nous isoler du monde mais en acquérant la capacité de filtrer correctement ce que nous considérons comme superflu ou même nocif. Notre temps est précieux, c'est l'atout le plus important que nous possédons : laisser quelque chose le vider pourrait fatalement compromettre nos chances d'obtenir ce que nous voulons vraiment de la vie.

Sortir de votre *comfort zone*, la zone de confort

Ce qui est connu, ce qui est familier et a le goût de la maison nous apporte confort et sécurité. Il est agréable d'avoir un endroit sûr, idéal ou métaphorique où retourner lorsque la vie nous confronte à des difficultés et que nous avons besoin d'un port sûr où nous pouvons atterrir pour retrouver notre bien-être, notre équilibre et nos forces. Il est toutefois important de résister à la tentation de retomber dans sa zone de confort chaque fois que la vie nous présente un défi : nous devons développer la capacité d'affronter les difficultés avec fermeté et détermination, en sachant s'arrêter lorsque nous sommes épuisés, mais en mettant toujours tout notre cœur et toutes nos forces lorsque nous sommes confrontés à une situation difficile. Les caractéristiques jouent un rôle important dans la détermination de notre attitude face aux problèmes et aux défis, il n'y a aucun doute à ce sujet : cependant, nous pouvons dire qu'en règle générale, les êtres humains ont tendance à préférer une vie faite de certitudes, de continuité et de routines éprouvées. Et tout cela est très bien : nous avons déjà dit que la capacité d'acquérir des habitudes et des automatismes est fondamentale pour agir de plus en plus spontanément et pour lutter de moins en moins pour accomplir des tâches et des travaux ; cependant, il est toujours important de garder à l'esprit qu'être victime de sa propre routine, ne pas pouvoir l'ignorer même lorsqu'il y a un réel besoin, peut-être une grande limite pour notre épanouissement personnel.

La vie nous soumet à des défis que nous ne pouvons souvent pas prévoir : des événements imprévus, des nouveautés, des changements soudains, voire des problèmes et des difficultés. Chaque vie est différente de l'autre et il est toujours difficile de faire des généralisations lorsque nous parlons de psychologie et de comportement humain : chacun de nous trouve de la joie, du plaisir et du confort dans des choses différentes, à tel point que nous avons parfois du mal à comprendre comment quelqu'un peut trouver une certaine activité agréable, que nous trouvons insupportable. Il y a ceux qui ne peuvent pas renoncer à leur café du matin au bar, ceux qui ne sortent pas du lit avant d'avoir vérifié leurs activités sociales, ceux qui doivent fumer une cigarette après chaque repas. Ce sont tous des rituels qui soutiennent notre vie quotidienne et nous donnent un sentiment de calme et de tranquillité quand et comment nous agissons. Mais que se passe-t-il si nous nous en passons ? Comme nous l'avons déjà vu, apprendre à renoncer à des plaisirs inutiles ou même nuisibles (comme fumer ou manger la mauvaise nourriture) est l'une des premières étapes pour développer une plus grande volonté. Essayez de vous priver d'un de vos rituels quotidiens : que se passe-t-il ? Au début, vous serez confus, bouleversé, nerveux, peut-être serez-vous de mauvaise humeur toute la journée. C'est exactement pour cela que nous devons nous en débarrasser : nous ne devons pas permettre des actions, d'autant plus si elles sont nuisibles, etre essentielles pour assurer notre stabilité émotionnelle et mentale. Il est nécessaire, pour être vraiment libre et fort, de renoncer à toute forme d'addiction, même à celles qui semblent inoffensives et insignifiantes. Il n'y a pas que l'alcool, les drogues ou l'adrénaline : il existe de nombreuses dépendances qui peuvent grandement influencer notre vie, nous enchaînant dans des routines qui ne laissent aucune place à la libération de notre énergie vitale et à notre esprit d'initiative. Dépendances affectives, automatismes insensés, opinions rigides et statiques : les contraintes qui peuvent conditionner notre existence sont nombreuses. Comment s'en débarrasser ? Il n'est pas nécessaire de bouleverser sa vie entière en renonçant à toutes nos habitudes tout d'un coup : cependant, pas à pas, il est essentiel de regarder dehors et de sortir de sa zone de confort personnelle, cette bulle de bien-être que chacun construit autour de soi et en dehors de laquelle on a du mal à se déplacer et à interagir. Chacun, au cours de sa vie, se forge sa propre identité : un certain cercle de 60 personnes, une attitude précise envers les autres, une méthode pour faire les choses (bonne ou mauvaise). Même les personnes vitales, dynamiques et apparemment sûres d'elles peuvent être gênantes et effrayées si on les éloigne de leur propre cercle et de leur routine : elles sont peut-être de véritables présages lorsqu'il s'agit de gérer une discussion difficile au travail, ou elles peuvent parfaitement gérer la tension même dans les moments les plus stressants, mais elles se sentent totalement déplacées et mal à l'aise lorsqu'elles doivent jouer avec de petits enfants ! Jour après jour, il est donc fondamental de se forcer à sortir progressivement de sa zone de confort et à faire face à ce qui nous angoisse, nous effraie ou simplement nous met mal à l'aise : il est important de se mettre volontairement à l'épreuve en recherchant des situations difficiles ou anormales, d'apprendre à contrôler ses réactions et à gérer ses émotions négatives. Ce n'est que lorsque nous sommes maîtres de nous-mêmes dans toutes les circonstances que la vie nous présente que nous pouvons être libres et vraiment disciplinés. Allons chaque jour un peu plus loin, toujours attentifs à nos émotions et à nos réactions psycho-physiques, toujours avec conviction et enthousiasme : ne cédons pas à l'instinct de fuite, reporter les problèmes, les repousser à une date à laquelle ils sont destinés ou les enterrer pour qu'ils soient loin des yeux et loin du cœur. Au contraire, il est nécessaire de combattre l'instinct de fuite des situations problématiques et inconfortables, en cherchant à se réconforter dans ce que nous savons être sûr et familier. Bien sûr, il n'est pas nécessaire d'agir avec imprudence, en se jetant volontairement dans des situations que nous ne pouvons pas gérer ou qui pourraient avoir des conséquences néfastes, voire dangereuses : il suffit de procéder progressivement, sans jamais renoncer au bon sens et au calme.

Ne nous forçons pas à dire oui à tout simplement parce que nous voulons essayer de nouvelles choses : il n'est pas nécessaire de passer d'une vie sédentaire à une vie imprudente ! Si l'activité physique maximale qui caractérise votre vie est un tour de vélo par mois dans votre quartier, vous devriez peut-être renoncer à l'idée de gravir une montagne pour le moment ! Il existe plusieurs techniques que nous pourrions adopter pour nous éduquer, étape par étape, à faire face à des situations de malaise ou de difficulté. L'un des stratagèmes possibles que nous pourrions mettre en place pour nous habituer à sortir progressivement de notre routine, nous encourageant à faire face à la nouveauté et à regarder le monde sous un autre angle, est la fameuse "technique de la main gauche" qui consiste à essayer d'utiliser la main non dominante (la droite pour les gauchers, la gauche pour les droitiers) pour effectuer les activités quotidiennes. Se brosser les dents, écrire, cuisiner : nous essayons, dans la mesure du possible et sans risquer de nous blesser, d'imposer l'usage de la main que nous gardons habituellement au repos, afin de pousser notre cerveau à reconfigurer l'action et à la libérer de l'automatisme qui la caractérise habituellement. La modification de petits aspects de notre routine nous permettra de sortir progressivement de notre zone de confort, sans trop de traumatismes. Cet exercice nous encourage à changer de perspective et à poser de petits défis quotidiens, nous aidant ainsi à être prêts à affronter les plus difficiles.

Créer de nouvelles habitudes quotidiennes

L'être humain est un animal routinier : il peut sembler à première vue avoir un attribut plutôt dégradant, mais une grande partie de nos actions quotidiennes se caractérisent par la simple répétition de comportements acquis précédemment et reproduits de manière cyclique, presque automatique. C'est précisément le point de départ sur lequel nous devons commencer à agir pour modifier notre routine quotidienne : changer nos habitudes. Nous pouvons les considérer comme des programmes installés dans notre cerveau qui nous permettent d'automatiser certains comportements afin de nous concentrer sur autre chose ; si nous y réfléchissons, c'est une grande chance que l'être humain ait développé cette capacité : pensez si nous devions prêter une attention maximale à toutes nos actions, si nous devions toujours utiliser notre concentration totale pour effectuer une activité quotidienne, du lavage du visage à la conduite de la voiture, ou si nous devions nous concentrer activement pour bouger chaque muscle facial impliqué dans l'expression d'une émotion. Ce serait impensable : nous ne pourrions effectuer que très peu d'activités avant de nous trouver épuisés, mentalement et physiquement. Mais en même temps, nous devons toujours être pleinement conscients du grand pouvoir des habitudes, tant positives que négatives : l'habitude peut s'avérer être un fardeau, une condamnation qui affecte notre vie de manière négative. Nous devons être capables de reconnaître si une certaine habitude nous apporte des avantages ou des dommages, qu'elle soit positive ou négative et, si nous la considérons nuisible et nocive, nous devons avoir la force d'y renoncer, en l'éradiquant de notre vie. Il ne s'agit pas de renoncer à sa personnalité, à ses croyances ou à son mode de vie, mais de mettre de côté tout ce qui est nuisible à la réalisation de notre épanouissement et de notre bonheur, réussissant ainsi à ne plus être à la merci d'habitudes négatives ou nuisibles, qui ne sont qu'en apparence gratifiantes et satisfaisantes, mais qui avec le temps nous affaiblissent et nous rendent esclaves de notre routine. Le chemin à parcourir semble sans aucun doute long et complexe : nous nous comportons de la même manière depuis des décennies. Le changement sera-t-il trop fatigant ? Serons-nous en mesure de relever un défi similaire ? Changer ses habitudes n'est pas une tâche impossible : au fur et à mesure qu'elles sont acquises, il est possible de les mettre de côté et d'en développer d'autres. Les habitudes sont extrêmement difficiles à abandonner : mais comme les habitudes négatives, les habitudes positives et constructives seront, une fois acquises, un jeu d'enfant pour les consolider et les maintenir dans le temps. Nous devons nous efforcer d'acquérir des habitudes positives de manière à ce qu'une certaine activité soit automatiquement assignée à un espace irrépressible dans le cadre de la routine quotidienne : le développement de cet automatisme rendra la mise en œuvre de toute activité, même la plus onéreuse, ennuyeuse ou inconfortable, extrêmement simple et immédiate.

Le premier entraînement en salle sera incalculablement plus dur que le mois suivant, le premier jour du régime sera le plus dur de tous, tout comme le premier jour de toute activité exigeante sera plus dur que le suivant : les débuts sont toujours difficiles, mais si vous vous engagez à être constant pendant un certain temps, vous constaterez qu'une fois que vous aurez acquis un automatisme, tout sera incroyablement plus simple et plus immédiat et chaque action nécessitera une quantité d'énergie incroyablement plus faible que les premières fois. Mais quel mécanisme psychologique trouve-t-on à la base de l'acquisition d'une certaine habitude ? Comment notre cerveau fonctionne-t-il pour les acquérir ? Quels sont les processus mentaux impliqués ? Ce sont des questions auxquelles de nombreux scientifiques ont tenté de répondre au fil des ans, car l'habitude est l'un des aspects fondamentaux qui régit le comportement des hommes et des animaux. Ce que nous savons, c'est que l'habit loop, ou le rite de l'habitude, est caractérisé comme un cycle en trois phases :

1) le signal, ou la présence des éléments qui stimulent et déclenchent l'activation d'une certaine habitude ;

2) la routine, ou la mise en œuvre effective d'une certaine habitude ;

3) la gratification, ou le sentiment de bien-être qui suit la mise en œuvre d'un rituel habituel.

L'habitude est définie comme une réponse comportementale immédiate et automatique à un certain stimulus, qui se développe grâce à la répétition du comportement susmentionné, de sorte que nous nous habituons à faire quelque chose en le répétant dans le temps : notre cerveau va acquérir ce comportement et le mettre en action lorsqu'il capte certains signaux, ce qui le fait suivre d'un sentiment de soulagement. Bien sûr, en théorie, tout cela semble extrêmement simple et linéaire, mais comment commencer à prendre des habitudes positives dans la pratique ? L'astuce est vite dite : commencer progressivement par les petites choses, même celles qui semblent les plus insignifiantes et qui ne sont pas directement liées à nos objectifs principaux. Vous pouvez commencer, par exemple, en vous imposant de réaliser de petits objectifs quotidiens : la création d'habitudes saines nous aidera à développer un plus grand contrôle de nous-mêmes et à renforcer notre volonté et notre estime de soi. Faire le lit le matin, boire au moins 2 litres d'eau par jour, se forcer à se concentrer sur une seule chose pendant 5 minutes, éviter de consulter son profil social toutes les 10 minutes : ce sont là de petits engagements que nous prenons avec nous-mêmes, en faisant peut-être des listes restreintes et en nous assurant, à la fin de la journée, que nous les avons tous remplis. La gradualité et la constance sont les armes secrètes pour forger de nouvelles habitudes : une possibilité à prendre en considération pour commencer calmement, pas à pas, à faire de nouvelles pratiques et les intégrer dans votre quotidien, peut être la fameuse "technique des 30 jours". Cette "astuce" consiste à s'engager dans une nouvelle habitude, en commençant par une période "d'essai" de 30 jours seulement : la conscience qu'il s'agit d'un engagement limité dans le temps nous rendra moins intimidés par la quantité d'efforts que nous devrons fournir. À l'issue de la période de 30 jours, nous pouvons alors décider de conserver ou non notre nouvelle bonne habitude. Croyez-moi :

au 30e jour, il sera plus difficile de le quitter que de le garder ! Après un mois de répétition, tout comportement est assimilé et fait l'objet d'un automatisme. La création et la consolidation des habitudes, en effet, rendent plus facile et plus légère, voire agréable, l'exécution de toute tâche, l'important étant de commencer par la gradualité et la détermination. Souvent, l'étape la plus difficile n'est que la première : nous sommes chargés, nous sommes motivés, nous voulons atteindre un certain résultat de tout notre cœur : et pourtant, il y a toujours cette étincelle qui fait que tout commence concrètement. Nous planifions ce qu'il faut faire, mais ensuite, comme de bons procrastinateurs, nous reportons tout, inexorablement, à une date à fixer. Parfois, ce qui manque, c'est juste un petit stimulus initial, un petit forçage. Comment sortir de ce cercle vicieux ? Nous pourrions faire appel à quelque chose auquel nous ne sommes que trop habitués : des contraintes, des obligations, venant de l'extérieur. C'est la technique dite du stimulus extérieur, qui consiste à concocter une série d'apports qui ont la "forme", l'apparence d'obligations, auxquelles nous sommes plus enclins, par habitude, à prêter attention : s'inscrire à des cours payants, convenir avec quelqu'un d'un programme de formation, mettre des alarmes, des rappels, des échéances sur le calendrier. Nous donnons aux projets personnels la même force qui caractérise les engagements professionnels, scolaires ou familiaux.

Il s'agit bien sûr d'un "stratagème" initial, qui peut s'avérer utile dans les premiers temps : le but de l'autodiscipline est de trouver en soi la motivation nécessaire pour accomplir tous ses objectifs avec persévérance et dévouement.

Apprendre à contrôler ses émotions et ses instincts

Être autodiscipliné signifie ne pas être conditionné et accablé par ses propres émotions : comme nous l'avons vu, chaque être humain est composé d'une composante émotionnelle/instinctive et d'une composante rationnelle. L'histoire de la littérature et de la philosophie est pleine d'images évocatrices qui symbolisent cette relation problématique et souvent conflictuelle entre les différents éléments qui composent l'esprit humain : beaucoup ont écrit sur la relation entre le cœur et l'esprit, entre l'instinct et la rationalité. Il peut arriver que les émotions que nous ressentons nous mettent mal à l'aise, qu'elles s'avèrent ne pas être du tout en accord avec ce que nous pensons sur un plan rationnel ou avec nos valeurs morales, et avec le temps, une émotivité incontrôlée peut se révéler être un fardeau qui affecte négativement notre vie. Pour construire une approche plus saine et plus constructive de sa propre sphère émotionnelle, il faut d'abord accepter que les émotions ne dépendent pas de nous, que nous ne les forgeons pas volontairement, que nous les ressentons simplement et que nous ne pouvons en aucun cas empêcher cela : c'est pourquoi il est insensé de se sentir coupable de ce que l'on ressent ou de vous forcer à ressentir certaines émotions sur commande, c'est quelque chose que vous ne pouvez pas contrôler.

Ce que vous pouvez faire à la place, c'est essayer de les comprendre et de les gérer de la manière la plus appropriée possible. Ce n'est pas une question d'impolitesse ou d'inadéquation : beaucoup de gens ont beaucoup de mal à calibrer leurs réactions, pour une simple question de caractère : vous arrive-t-il de vous mettre en colère pour rien et de regretter peut-être votre réaction plus tard ? Parfois, votre émotivité incontrôlée risque de rendre les situations lourdes ? Avez-vous des réactions particulièrement mélodramatiques qui, lorsque vous vous calmez, vous mettent mal à l'aise ? Tout le monde ne gère pas sa sphère émotionnelle de la manière la plus appropriée, risquant d'être, avec le temps, contraint d'étouffer ou de réprimer ses émotions, avec des conséquences, très souvent, néfastes ! Il est important de rechercher le bon équilibre émotionnel : une pratique utile pour apprendre à gérer au mieux ses émotions est de retarder autant que possible la réaction aux impulsions. Lorsque nous ressentons une émotion, arrêtons-nous et concentrons-nous intensément sur elle : examinons-la tout d'abord, attardons-nous autant que possible à l'analyser intérieurement, ressentons-la jusqu'au bout, en faisant attention à la façon dont elle modifie notre corps, à la façon dont elle affecte notre rythme cardiaque, notre transpiration, notre expression faciale. Si la sensation que nous ressentons est particulièrement intense et que nous risquons de réagir de manière excessive et incontrôlée, nous pourrions mettre en place des exercices pour calmer notre agitation : concentrons-nous sur la régulation de notre respiration, par exemple. Ce n'est qu'à la fin, avec le plus de calme possible, que nous exprimons une réaction appropriée ; le temps que nous avons placé entre l'émotion et son expression aura rendu notre réaction aussi calibrée et adéquate que possible et, surtout, passé à l'examen de notre rationalité et de notre contrôle conscient. Si, lors des premières tentatives, les secondes semblent interminables et que nous transpirons sept chemises pour contrer l'impulsion de nous exprimer spontanément et de réagir instinctivement, après un peu d'entraînement, nous trouverons naturel d'attendre et de nous permettre une pause de réflexion avant de donner libre cours à nos émotions. Cette attitude sera très bénéfique tant pour nos relations interpersonnelles que pour nous-mêmes : nous découvrirons, en effet, que très souvent il faut quelques secondes de réflexion supplémentaires pour décider qu'il ne vaut pas la peine de se mettre en colère ou de faire une scène. Contrôler ses émotions ne signifie pas les neutraliser ou les inhiber : nous ne devons pas avoir peur de devenir des robots insensibles, incapables de ressentir les sensations et les sentiments humains ; le but est de faire communiquer notre émotivité avec notre intelligence, en apprenant à gérer et à exprimer les émotions de la manière la plus appropriée et la plus constructive. Cette stratégie, pour ainsi dire "attentiste", peut également être extrêmement utile pour contrôler une impulsion que nous savons être mauvaise, nuisible ou inutile. Pouvez-vous, comme Oscar Wilde, résister à tout sauf à la tentation ? Combien de fois au cours de la journée vous sentez-vous impuissant face à l'impulsion de faire quelque chose, même si vous savez que cela vous fera du mal ? Manger un autre snack malsain, passer dix minutes de plus en société, reporter un engagement important : comment faire face à ces impulsions apparemment irrépressibles ? Comment pouvons-nous améliorer nos compétences en matière de maîtrise de soi ? Quelles stratégies pouvons-nous utiliser pour nous éduquer afin de ne pas nous laisser submerger par nos pulsions et devenir de plus en plus maîtres de nous-mêmes ? Même dans ces cas-là, nous pouvons faire appel à la stratégie de l'attente :

lorsque nous ressentons une impulsion incontrôlable, forçons-nous à nous arrêter et à prendre du temps, mettons de côté un certain nombre de secondes pour évaluer soigneusement notre instinct.

Nous pouvons également nous habituer progressivement à assortir une certaine impulsion que nous voulons supprimer d'une distraction particulière qui nous détournera de "l'engagement" de l'action que nous voulons éviter à tout prix : par exemple, chanter une chanson lorsque nous sommes tentés par la mauvaise nourriture.

Ne vous laissez pas décourager par les échecs

L'erreur est humaine. Si tout le monde renonçait et abandonnait après le premier échec, l'humanité serait probablement encore à l'âge de pierre ! Il ne faut pas s'attendre à des résultats immédiats, surtout dans les premières étapes d'un processus d'amélioration personnelle ; ils peuvent être tardifs ou bien inférieurs à nos attentes. Face à la déception, nous ne devons pas faire l'erreur de perdre courage et d'être tentés de tout abandonner, en regardant le verre à moitié vide. Comme nous l'avons largement soutenu, l'autodiscipline est une capacité qui s'acquiert avec du temps et des efforts, il est normal qu'au début, nous ne soyons pas en mesure de respecter les engagements que nous avons pris avec nous-mêmes. La peur de se tromper ou de ne pas obtenir immédiatement ce que l'on espère est un grand obstacle pour vivre les défis quotidiens avec sérénité et avoir le cran nécessaire pour affronter chaque nouveau jour. Un stratagème pour ne pas perdre courage pourrait être de dresser, à la fin de chaque journée, une liste de tout ce que nous avons accompli avec succès ; même si nous n'avons pas fait ce que nous nous étions promis, nous pouvons toujours être satisfaits des résultats que nous avons ramenés chez nous. La voie de l'achèvement est pavée d'échecs : nous apprenons à vivre nos erreurs de manière positive, en en faisant toujours une opportunité de croissance. Lorsque quelque chose tourne mal, nous nous demandons toujours pourquoi et nous faisons des erreurs pour nous inciter à apprendre et à ajuster notre stratégie. Le problème ne réside pas nécessairement dans notre incapacité ou nos faiblesses : très souvent, c'est la même stratégie qui est erronée ou inadaptée à nos inclinations. Nous pouvons faire appel aux conseils d'amis ou d'experts et à des lectures, mais l'élaboration d'un chemin de perfectionnement est, en définitive, une activité empirique, que chacun devra esquisser à partir de sa propre personnalité et de ses particularités.

Se récompenser soi-même

Nous ne pouvons pas penser à abolir tout plaisir et toute gratification dès le début d'un voyage jusqu'à ce que nous ayons atteint notre objectif ; supposons que notre but est d'exceller dans un sport particulier afin de l'atteindre à un niveau compétitif : c'est un projet ambitieux et fatiguant et, quel que soit notre engagement, il ne portera ses fruits qu'à long terme. Nous ne pouvons pas nous attendre à vivre privés de toute satisfaction physique et mentale tant que nous n'aurons pas atteint notre objectif : c'est une perspective qui réduirait en miettes toute personne, même la plus motivée. C'est pourquoi, afin de planifier une stratégie gagnante, surtout lorsque vous n'êtes qu'au début de votre parcours, vous devez fragmenter et décomposer votre projet en de nombreux petits micro-engagements, afin de pouvoir résumer, juger et, éventuellement, vous récompenser après avoir réalisé chacun d'entre eux, sur une base quotidienne, hebdomadaire ou mensuelle. S'apprécier et se récompenser après avoir réussi est d'une importance fondamentale pour augmenter l'estime de soi et l'énergie vitale : cela nous donnera la force nécessaire pour affronter les défis suivants avec plus de force et de conviction. Il est donc important de trouver un moyen de se gratifier après chaque effort, de créer une incitation, un élan pour faire mieux et pour donner toujours plus. En plus d'une indispensable récupération d'énergie et de force, qui est fondamentale pour être toujours au sommet de ses capacités, il est important de se donner périodiquement de petites récompenses, des récompenses que nous pouvons nous donner nous-mêmes en récompense pour notre dur travail. En pédagogie et dans la science de l'éducation, on fait souvent référence au concept de "renforcement" : lorsqu'un enfant accomplit une action correcte, afin qu'elle ne soit pas mise de côté avec le temps, il est important qu'elle soit récompensée par quelque chose d'agréable, que ce soit un jouet, une friandise ou simplement une attention supplémentaire. Suivre un comportement avec satisfaction est l'une des stratégies gagnantes pour cimenter une certaine bonne habitude. D'autre part, c'est la pratique qui est également utilisée avec les animaux de compagnie : une bonne action est suivie d'un biscuit ou d'une caresse. Tout comme elle fonctionne pour les enfants et les animaux, elle peut fonctionner pour les enfants plus âgés !

Lorsque vous êtes particulièrement satisfait de vous-même et des résultats que vous avez obtenus, vous pouvez vous offrir une récompense qui vous récompense pour le dur travail que vous avez accompli. Qu'il s'agisse d'un dîner dans votre restaurant préféré, d'un week-end, de vacances auxquelles vous pensez depuis longtemps, d'un article que vous vouliez acheter ou simplement d'un moment de détente. Les "renforcements positifs" vous permettront d'acquérir de la manière la plus immédiate et la plus facile les habitudes positives que vous souhaitez prendre. Bien sûr, essayez de ne pas exagérer et calibrez toujours la récompense en fonction de l'effort réel : vous donner un gâteau entier pour vous récompenser après une courte séance d'exercice rendrait l'entraînement lui-même vain et serait une gratification disproportionnée !

Développez votre capacité de concentration

Nous avons laissé comme dernier point que, si nous étions obligés de choisir, nous devrions identifier, peut-être, comme le plus important de tous : la capacité d'atteindre et de maintenir la concentration est l'un des piliers fondamentaux dans tout chemin de croissance personnelle. Vous ne pouvez pas aspirer à développer une plus grande autodiscipline si vous n'apprenez pas d'abord à vous concentrer profondément et longtemps sur les activités que vous décidez de mener, sur vos émotions, sur vos pensées, ainsi que (et ce n'est qu'un paradoxe apparent) sur rien. Nous avons déjà parlé de la manière dont les sociétés dans lesquelles la plupart d'entre nous vivent sont caractérisées par une sorte de frénésie, d'impatience, de stress chronique ; des nouvelles, des notifications, de la précipitation, des résultats immédiats : c'est comme si chaque jour nous étions soumis à une pression continue, à un bruit de fond constant qui ne nous laisse jamais tranquilles et ne nous permet pas d'avoir le temps nécessaire pour nous consacrer avec soin et calme à nos activités. L'une des valeurs que notre société nous transmet continuellement par le biais des médias est celle de l'instantanéité, de l'immédiateté, de la rapidité. Tout peut, et même doit, être réalisé immédiatement : résultats immédiats, facilité d'utilisation, zéro stress et zéro pensée, satisfait en 15 jours satisfaits ou remboursé ! Ce sont les refrains typiques de la publicité. Il semble donc que tout doit nécessairement être facile, rapide, pratique, que tout doit se dérouler sans problème. Nous sommes maintenant habitués à attendre des réponses rapides et claires : jamais auparavant nous n'avons eu l'occasion d'obtenir des informations à la vitesse de l'éclair, d'effectuer rapidement de nombreuses tâches quotidiennes. Bien sûr, personne ne songerait à nier les avantages incroyables que ces possibilités technologiques nous ont procurés, mais nous devons être conscients que tout ne peut pas être réalisé de cette manière : de nombreux objectifs ne peuvent être atteints qu'en faisant preuve de constance et en travaillant dur. Il est important, pour faire face à cette agitation et à cette hâte chronique, d'apprendre à débrancher : non pas dans le sens de se replier sur soi-même et de s'appeler en dehors du monde et de ses problèmes, mais en apprenant à vivre dans sa dimension personnelle, en étant capable de rester ferme et ancré à soi-même, toujours centré, indépendamment de ce qui se passe en dehors de nous. Il est nécessaire que notre esprit soit correctement éduqué et ne doit jamais avoir la possibilité d'échapper à notre contrôle et d'errer librement quand il le veut : combien de fois dans la journée vous trouvez-vous en proie à des divagations que vous ne pouvez pas contrôler ?

Non seulement lorsque vous êtes allongé sur la plage à prendre un bain de soleil, absorbé et que vous regardez l'horizon, mais aussi lorsque vous vous trouvez dans une situation qui nécessiterait votre concentration et votre présence mentale maximales ; combien de fois vous retrouvez-vous à errer dans un labyrinthe de pensées qui n'ont rien à voir avec ce à quoi vous avez affaire à un moment donné ? Vous devez vous entraîner à garder les rênes de votre esprit fermement en place. Une très bonne intention : mais comment faire ? Par où commencer ? Il n'est pas nécessaire que vous soumettiez chaque aspect de votre vie à un contrôle strict et rigoureux, ni que vous construisiez autour de vous un environnement aseptique et impersonnel, dans lequel vous n'avez pas la possibilité de vous accorder des moments de liberté et de détente : en revanche, ce serait humainement impossible, le temps étant épuisant et donc contre-productif. En réalité, il n'est pas possible de maintenir une concentration continue tout au long de la journée : nous devons alterner des moments d'engagement mental intense avec des moments où nous nous laissons aller, en nous accordant une pause pour nous détendre et récupérer nos forces. Après tout, la confusion est, d'une certaine manière, la disposition naturelle de notre esprit, nous ne pouvons pas l'éradiquer de manière totale et définitive : donnons-nous toujours un espace pour laisser nos pensées vagabonder librement, de manière à être suffisamment. Nous avons tendance à ne pas y penser, voire à ne pas l'accepter, mais notre cerveau est un organe comme un autre, et comme le foie, le cœur et les reins ont besoin de nourriture, de repos et éventuellement de soins. Pour que nos performances soient toujours optimales et que nous atteignions un niveau de concentration maximal, il est nécessaire de veiller à notre bien-être psychophysique, en nous nourrissant de manière saine et équilibrée et en assurant un repos quotidien adéquat : selon l'âge et le mode de vie, chacun de nous se caractérise par un besoin quotidien différent d'heures de sommeil ; il est important, pour maximiser ses capacités cognitives, d'assurer à notre cerveau, et à notre corps, un repos adéquat et satisfaisant. Il existe de nombreuses techniques et méthodes que nous pourrions utiliser pour améliorer notre capacité de concentration, chacun peut en essayer différentes et trouver la plus adaptée à son cas : il n'existe pas de règle absolue valable pour tous. Certaines personnes gagnent à travailler dans un environnement calme et silencieux, en interdisant toute distraction et tout bruit ; d'autres, en revanche, peuvent trouver une concentration optimale en laissant un bruit de fond, comme la musique ou la télévision, des bruits extérieurs. Cela paraîtra plutôt bizarre comme indication, mais il est très utile d'apprendre à s'inquiéter de manière "programmée". Chacun de nous a son propre fardeau d'écheveaux à démêler, de problèmes difficiles à résoudre, voire insolubles, de souvenirs négatifs qui nous visitent de temps en temps, de soucis pour l'avenir : c'est normal, on ne peut pas penser à supprimer toutes ces pensées et même pas se forcer à les ignorer trop longtemps. Ce que vous pouvez faire pour que cette "négativité" ne risque pas de devenir un arrière-plan constant de vos journées, vous empêchant de mettre toute votre énergie dans vos activités, c'est de vous réserver, même au quotidien, un espace dépourvu d'autres engagements à réserver aux soucis, de ruminer quelque chose qui n'empiète pas sur vous, de poser des questions existentielles, bref, tout ce qui n'est pas correctement constructif et configurable comme un engagement productif. Donner une place limitée aux préoccupations, voire à l'anxiété, nous permettra de vivre le reste de notre temps de manière plus sereine ; bien sûr, l'idéal serait que nous ne ressentions pas ce genre de préoccupations et que nous nous mettions en mouvement pour les résoudre au fil du temps ; en l'absence d'alternatives, c'est toutefois un bon compromis pour limiter les dégâts qu'elles pourraient infliger quotidiennement à nos esprits. Comme nous l'avons vu, les aspects à prendre en compte pour s'engager sur la voie de l'autodiscipline sont nombreux et variés : chacun se forge sa propre opinion sur lui-même, sur ses caractéristiques et sur ses objectifs. Chaque individu bénéficie de méthodes et de techniques différentes : surtout ces dernières années, pour répondre à un besoin urgent et profond de la part de nombreuses personnes, de nombreuses techniques différentes se répandent et s'implantent qui peuvent aider à trouver leur propre dimension et harmonie dans le monde contemporain chaotique : la méditation transcendantale, les techniques de pleine conscience, diverses philosophies orientales, ainsi que des méthodologies plus pragmatiques d'apparence plus occidentale et scientifique. Votre objectif est de vous démêler dans cet enchevêtrement de possibilités et de trouver la voie qui vous convient davantage.

Les avantages de l'autodiscipline dans la vie personnelle et professionnelle

"La discipline est le choix de faire ce que vous voulez vraiment faire, de faire les choses que vous ne voulez pas faire". - John Maxwell

L'autodiscipline pour devenir des personnes plus autoritaires

Le développement de votre autodiscipline est l'une des clés pour projeter une image de sécurité et de détermination autour de vous : si votre ambition est d'atteindre une plus grande autorité, vous devez d'abord vous efforcer de mieux vous contrôler, ainsi que vos émotions et vos actions. La cohérence et la maîtrise de soi sont des qualités fondamentales à posséder pour acquérir une plus grande crédibilité et gagner le respect de ceux qui sont devant nous : ce sont des caractéristiques particulièrement précieuses à posséder pour ceux qui occupent un poste de commandement ou de responsabilité. Un vrai leader ne doit jamais être à la merci d'événements extérieurs ou de ses propres émotions : si, dans une circonstance donnée, vous vous trouvez responsable, vous ne pouvez pas laisser votre état émotionnel conditionner votre journée et vos performances car, indirectement, vos mauvaises performances ou votre mauvaise humeur pourraient avoir un impact négatif sur celles de vos subordonnés ou de vos employés et sur la réussite des projets dont vous vous occupez. Et nous ne parlons pas seulement des PDG ou des dirigeants de grandes entreprises, ou des hommes politiques et des personnes qui ont beaucoup de succès : l'acquisition de bonnes compétences en matière de leadership peut profiter à toute personne qui est responsable du travail et du bien-être des autres, à toute personne qui a le devoir de s'occuper des autres et de les superviser. Les enseignants, les cadres, les parents, toute personne en contact avec des enfants ou des adolescents : démontrer, concrètement et avec des faits, qu'ils ont une bonne dose de maîtrise de soi, de ténacité et de constance est une garantie d'être des personnes fiables auxquelles les autres font confiance. Un exemple vaut plus que mille mots : nous ne pouvons pas attendre des autres ce que nous ne sommes pas capables d'accomplir nous-mêmes : dans de nombreux cas, il est inutile de savoir très bien ce qu'il faut faire, de connaître la théorie lorsque nous n'avons pas la force mentale et la volonté d'accomplir un engagement jusqu'au bout.

Persévérance, concentration, contrôle...sont autant de qualités fondamentales à développer pour réussir sa vie personnelle et professionnelle, quel que soit notre secteur. Très souvent, des personnes brillantes et préparées, au potentiel illimité, se livrent à un véritable travail de sabotage en s'empêchant d'exploiter leurs talents et leurs penchants naturels. Les caractéristiques de caractère innées développées à partir de nos expériences ont une certaine incidence, il n'y a aucun doute : il y a des personnes naturellement amenées au calme et à la concentration, prédisposées à travailler la tête baissée et à réaliser ce qu'elles ont commencé, offrant un exemple positif aux personnes qui les entourent et contribuant à les motiver pour leur travail ; au contraire, beaucoup de personnes ont tendance à s'écarter du sujet, à se déconcentrer, à lancer mille projets sans en réaliser aucun, constituant un obstacle et un élément d'agacement pour les autres, ainsi que pour elles-mêmes. Avoir un patron qui n'est pas très constant et déterminé pourrait être l'une des pires conditions de travail qui soient ! Nous pouvons tous nous améliorer grâce à notre volonté et personne ne doit se sentir exclu de la possibilité d'améliorer et d'atteindre nos objectifs. Il est extrêmement réducteur d'affirmer que nous sommes nés leaders ou ailiers : chacun peut travailler sur lui-même pour obtenir la bonne attitude afin de mieux faire face aux circonstances et aux défis que la vie nous pose.

L'autodiscipline pour développer l'intelligence émotionnelle

De nombreuses personnes qui excellent à résoudre des problèmes pratiques et concrets se révèlent plutôt maladroites dans leurs relations avec les autres ; ou vous pouvez rencontrer des personnes dynamiques qui réussissent, mais qui présentent de graves lacunes dans leur capacité à écouter et à comprendre les autres avec empathie. Personne n'est parfait et souvent une grande valeur s'accompagne d'un défaut ou d'une incapacité tout aussi grande. L'éducation, scolaire ou non, apparaît pour l'essentiel marquée par l'acquisition de notions mais aussi par le développement de l'intelligence logique, l'intelligence rationnelle proprement dite. Ce que nous pourrions attribuer aux parcours scolaires communs est le manque d'espace consacré au développement de la capacité à gérer ses propres émotions et à comprendre celles des autres. L'empathie est l'une des compétences fondamentales pour avoir des relations positives et constructives avec les autres, qu'il s'agisse de la famille, des collègues, des amis ou des connaissances. Avoir la capacité d'interagir avec la compréhension et l'intelligence avec l'émotivité de l'autre est l'une des compétences qui garanti une vie personnelle et professionnelle harmonieuse et sans conflit. Rendue célèbre par un livre du psychologue Daniel Goleman, l'expression "intelligence émotionnelle" est désormais synonyme de capacité à comprendre et à gérer ses propres émotions et celles des autres afin de créer une relation basée sur l'empathie avec les autres. L'autodiscipline est l'une des conditions fondamentales pour pouvoir ambitionner le développement d'une plus grande intelligence émotionnelle dans la gestion de nos relations : seuls ceux qui ont un contrôle profond sur eux-mêmes et sur leur sphère émotionnelle sont capables de s'analyser soigneusement et de gérer leurs réactions. Ceux qui sont à la merci de leur propre émotivité ont beaucoup de mal à comprendre la nature de leurs propres émotions et de celles des autres, ainsi qu'à calibrer des réponses constructives et positives : exercer un plus grand contrôle sur nous-mêmes nous permettra, comme nous l'avons vu auparavant, de prendre tout le temps nécessaire pour comprendre ce que nous ressentons et ne pas réagir à l'impulsion, ce qui compromet nos interactions.

L'autodiscipline dans la vie de tous les jours

Celui qui avance lentement est en bonne santé et peut aller loin : penser que vous pouvez bouleverser votre existence d'un jour à l'autre peut sembler excitant et passionnant, mais cela ne vous mènera pas loin. Le sprint initial s'estompera en peu de temps et vous vous retrouverez bientôt à la case départ, ou plutôt vous vous sentirez nettement plus mal, car vous saurez que vous avez échoué dans votre objectif. Prendre les problèmes à bras le corps ne signifie pas se précipiter et se désorganiser : la planification et la progressivité sont les seules garanties de succès à long terme. De nombreux aspects de notre vie quotidienne peuvent bénéficier d'une plus grande autodiscipline : combien d'emplois avez-vous laissés inachevés ? Combien de week-ends ruinés par l'accumulation des tâches que vous auriez pu accomplir pendant la semaine ? Combien de désagréments auriez-vous pu vous épargner si vous aviez réglé tous les petits problèmes pendant 89 fois, qui sont devenus ensuite importants ? Je veux dire, quel dommage la procrastination vous a-t-elle causé ? L'indiscipline est l'une des caractéristiques qui endommagent inexorablement tous les aspects de notre vie, depuis ceux qui sont considérés comme les plus importants, comme le travail et les relations personnelles, jusqu'à ceux qui, d'une certaine manière, sont plus marginaux, comme les travaux ménagers, les tâches ménagères, les courses, l'organisation des vacances ou des congés. Cependant, l'autodiscipline peut apporter un changement extrêmement important dans notre vie, même en partant de ces petites choses : un plus grand contrôle et une meilleure organisation nous garantiront plus de temps libre, une plus grande efficacité, des économies, moins de stress et d'anxiété. Avez-vous aussi, quelque part dans votre maison ou votre bureau, la fameuse liste de choses à faire ? Des petits engagements que vous remettez à plus tard depuis des années et que vous ne décidez jamais de terminer. Beaucoup de ces tâches sont absurdes et insignifiantes, et pourtant vous ne trouvez jamais la volonté de consacrer ce temps à les rayer de la liste. Ne remettez pas à demain ce que vous pouvez faire aujourd'hui : nous connaissons tous le proverbe, mais combien d'entre nous le font réellement ? Nous devons apprendre à remplir nos engagements le plus rapidement possible afin qu'ils ne deviennent pas des fardeaux qui peuvent nous alourdir en cours de route et drainer nos énergies mentales.

La méthode développée par David Allen, appelée "Get Things Done", est très connue dans le monde entier : elle consiste en une série de principes visant à optimiser notre gestion quotidienne des engagements et des tâches et repose sur ces éléments fondamentaux :

- La mise en place d'un "système de confiance" qui servira de registre et de rappel de nos engagements ;

- Le regroupement des actions non pas par type mais par lieu ;

- Ne faire aucune distinction entre les engagements personnels et professionnels ;

- Si une action peut être réalisée en moins de deux minutes, elle doit être faite immédiatement.

- Ne pas être à la merci des apports et notifications externes, allouer un moment précis de la journée pour les traiter ;

- Pour rendre compte du travail effectué pendant la semaine et programmer la suivante ;

- Il serait peut-être bon d'arrêter de tergiverser et de commencer à faire plus productifs de nos jours : les bénéfices ne tarderont pas à se faire sentir !

L'autodiscipline pour de meilleurs résultats dans les études et le sport

Veiller à ce que les enfants et les jeunes développent la volonté nécessaire pour mener à bien leurs engagements est l'une des principales préoccupations des parents, des grands-parents, des enseignants et des éducateurs ; très souvent, on a l'impression que le fait d'émouvoir les jeunes, de les encourager à toujours donner le meilleur d'eux-mêmes dans leurs études, dans le sport et dans les différents engagements quotidiens, est une entreprise titanesque vouée la plupart du temps à l'échec : Il est difficile de pousser les jeunes à se consacrer à autre chose qu'aux jeux, aux sorties avec des amis et aux réseaux sociaux, chaque âge a son activité favorite, qui l'emporte sur toutes les autres. "si tu t'appliquais, tu serais l'un des meilleurs de ta classe", "si tu faisais le même effort que dans les jeux vidéo dans la vie réelle, tu serais bon en tout" : ce sont des phrases de reproche que les enfants et les jeunes entendent répéter sans cesse, quand ils ne sont pas harcelés.

Comme nous l'avons vu, l'autodiscipline est un défi, même pour les adultes qui comprennent parfaitement l'utilité de certaines actions, habitudes et attitudes. Pensons à la difficulté que peuvent avoir les jeunes, qui ont peut-être du mal à comprendre le sens de certains engagements et se sentent poussés sur plusieurs fronts et dès leur plus jeune âge à réaliser de nombreuses activités qu'ils considèrent comme ennuyeuses et fatigantes et dont ils ne comprennent pas l'utilité. N'oublions pas, par ailleurs, les différences qui distinguent le cerveau d'un adulte de celui d'un enfant : le cortex cérébral du plus jeune n'est pas complètement développé, de sorte que nous ne pouvons pas attendre la même maîtrise de soi et la même constance que nous pourrions demander à un adulte.

Il faut souligner que, très souvent, les adultes se révèlent absolument incapables non seulement de donner le bon exemple, mais aussi d'aider et de soutenir les plus jeunes dans le développement d'une plus grande autodiscipline et d'une meilleure maîtrise de soi, en leur donnant des indications sur la manière d'acquérir une plus grande méthode et un plus grand contrôle sur eux-mêmes. Les contraintes et les impositions peuvent être, à long terme, des outils absolument contre-productifs :

une activité menée contre son gré sera une activité mal menée, qui donnera des résultats et des avantages minimaux et sera abandonnée dès que l'occasion se présentera. Une fiscalité rigide et la méthode et la discipline strictes ne semblent être qu'apparemment la solution la plus efficace et la plus rapide, même si les punitions et les contraintes semblent, dans de nombreux cas, être les seules mesures permettant d'apporter des changements tangibles : de nombreux parents se justifient en déclarant qu'ils n'ont pas d'autres solutions valables et que même si les enfants la vivent comme une souffrance, ils l'apprécieront une fois devenus adultes.

Ce qu'il faut faire pour aider les enfants à donner le meilleur d'eux-mêmes, c'est les encourager à trouver en eux la motivation et la satisfaction adéquates dans les choses qu'ils font et qu'ils traitent ; comme pour tout autre aspect de la vie, un exemple vaut mille mots : si un parent est paresseux, apathique, incohérent et incapable de tenir un quelconque engagement, il ne sera certainement pas un bon modèle pour ses enfants et sera inévitablement peu pris au sérieux lorsqu'il les encouragera à faire plus et à donner le meilleur d'eux-mêmes dans chaque activité. Ce dont les enfants et les jeunes bénéficient le plus, ce sont des règles imposées de manière constructive et raisonnée : les trop paralysés, il faut toujours veiller à ne pas trop en attendre, en surchargeant les jeunes de mille engagements et activités.

Il faut aussi avoir la ruse et la clairvoyance de trouver un moyen de faire apprécier aux enfants certaines activités : les récompenses et les prix sont des perspectives qui poussent les enfants et les jeunes à exercer leurs activités avec plus de plaisir et de conviction. L'étude est sans aucun doute l'un des principaux problèmes auxquels les enfants, mais pas seulement, sont confrontés : que pouvons-nous faire pour vivre l'étude de la manière la plus sereine et la plus productive possible ? Certaines personnes se souviennent de l'école avec nostalgie, d'autres, encore à l'âge adulte, voient leurs cauchemars peuplés de souvenirs de leçons, de devoirs, de peurs, d'angoisses, de stress de la maturité, etc. Beaucoup d'adultes ont mal vécu les années scolaires et beaucoup d'enfants aujourd'hui le vivent mal, il n'y a pas de doute. Ce que beaucoup reprochent à leurs professeurs, c'est qu'ils ont davantage focalisé leur parcours sur des notions que sur la méthode d'étude ; soyons honnêtes, que retenons-nous de ce que nous avons appris à l'école ? Combien de formules, de poèmes, de biographies ? Quelques-uns. Surtout de nos jours, les enseignants doivent veiller à fournir, en premier lieu, une méthode d'étude adéquate, en fournissant des critères et des pratiques utiles pour mieux organiser leurs engagements, scolaires ou non.

L'approche de l'étude doit également être convenablement actualisée : à une époque où l'on peut trouver instantanément une grande quantité d'informations avec son smartphone, une formation centrée sur le stockage de simples notions est décidément obsolète : à plus forte raison, un éducateur doit avant tout prendre à cœur d'aider ses élèves à développer une capacité de concentration adéquate et une méthode d'étude visant à poursuivre leurs engagements avec constance et détermination. Qu'il s'agisse de doctorants ou d'élèves de première année, les études peuvent souvent être une source de stress et d'inquiétude : certaines personnes ne parviennent pas à développer une méthode d'étude efficace tout au long de leur vie et sont toujours en proie aux mois et aux nuits blanches qui suivent. Chacun a ses préférences personnelles, cependant, il existe certaines suggestions dont chacun peut certainement tirer profit :

- Établir une routine d'étude quotidienne : planifier la journée de manière à laisser suffisamment de place pour les activités stimulantes et récréatives ;
- Créer un environnement d'apprentissage : chacun a ses propres préférences, certains ont besoin d'un silence absolu, et ne peut tolérer même une voix lointaine, et ceux qui recherchent le fond de la radio ou de la télévision pour se concentrer davantage ;
- N'ignorez pas les délais : se retrouver avec tout le travail à faire en peu de temps est l'une des principales causes de mauvaises performances et de stress ;
- Faites des pauses : l'esprit a besoin de repos et, comme nous l'avons vu, il n'est pas possible de rester concentré trop longtemps ;
- Récompenser les résultats : récompenser les résultats et l'engagement est une grande incitation à faire toujours mieux.

De nombreux parents poussent leurs enfants à pratiquer diverses activités sportives, non seulement pour une question de santé physique, mais aussi pour leur donner un moyen d'apprendre et d'exercer une constance et une discipline : trois fois par semaine, on va à la piscine, le week-end on fait du vélo dans le parc, après l'entraînement on prend une douche et on se lave les cheveux, le sac doit être préparé dès la veille : ce sont autant d'engagements et de routines qui favorisent l'autonomisation des enfants et des adolescents. L'activité compétitive peut apprendre aux jeunes à bien gérer leur anxiété, à travailler en équipe, à accepter les défaites. Une fois adultes et libérés du contrôle de fer de leurs parents, beaucoup abandonnent de pratiquer n'importe quelle activité, même si des résultats remarquables ont été obtenus dans un certain sport.

La fin de l'obligation coïncide très souvent avec une renonciation totale à toute activité : mais comment acquérir la constance nécessaire pour exercer une activité sportive dans la durée, en résistant à la tentation de tout abandonner à la première difficulté ? Les gymnases et les centres sportifs regorgent de "visiteurs occasionnels" : beaucoup de gens s'inscrivent après les vacances ou avant la répétition des costumes et résistent, enfin, pendant un mois rare. Aborder le sport de manière disciplinée signifie avant tout tenir compte de sa condition physique et de ses limites : commencer avec trop d'enthousiasme et avec une énergie que nous ne pourrons pas maintenir longtemps est l'une des principales raisons qui nous poussent à abandonner. Nous établissons, peut-être avec l'aide d'un coach, un programme réaliste adapté à nos besoins et à nos objectifs : si nous sommes clairement en surpoids, le but ne sera guère d'avoir des biceps sculptés : commençons une étape à la fois. Nous commençons par perdre ces kilos supplémentaires, puis nous augmentons notre capacité cardio et ensuite nous prenons quelques kilos de plus de muscle et ce n'est qu'à la fin que nous pouvons penser au résultat esthétique que nous désirions tant. Beaucoup de gens n'aiment pas l'idée de faire une activité physique constante : que pouvez-vous faire pour rendre cet engagement moins onéreux ? Une idée pourrait être de faire de l'activité physique le matin, en se changeant les idées comme si c'était une mauvaise dent : nous ressentirons cette agréable et satisfaisante sensation de fatigue physique qui nous accompagne toute la journée. Ceux qui ne s'intéressent pas à la forme physique trouveront cela absurde, mais l'activité physique crée une dépendance : après un certain temps d'entraînement constant, notre corps activera des mécanismes qui nous inciteront à rechercher l'activité physique ! A ce stade, c'est fait !

Lectures recommandées

Comme nous le savons, le web est aujourd'hui une formidable ressource pour trouver des informations utiles sur tous les sujets : en très peu de temps, vous pouvez trouver une quantité infinie de contenus, quel que soit votre intérêt. Mais, comme vous le savez sûrement, le web peut être un miroir aux alouettes au cas où vous ne disposeriez pas de bons outils culturels pour filtrer les informations en fonction de celles qui sont peu fiables et trompeuses. L'Internet regorge d'informations sur l'épanouissement personnel : sites, blogs, pages sociales, chaînes YouTube, vous pouvez trouver toutes sortes de gourous qui vous conseillent sur la manière d'accroître votre estime de soi, vos performances professionnelles, votre intelligence émotionnelle, l'autodiscipline ne faisant évidemment pas exception. Certaines de ces sources sont valables et sérieuses, d'autres le sont beaucoup moins. C'est pourquoi nous avons sélectionné une petite bibliographie de livres qui pourraient être utiles et inspirants pour ceux qui veulent entreprendre un cheminement personnel dans le but d'atteindre une plus grande autodiscipline.

Le club de 5h du matin : commencez la journée tôt, changez votre vie" de Robin Sharma.

Robin Sharma est un auteur canadien célèbre dans le monde entier pour ses livres sur la croissance et l'épanouissement personnel, dont beaucoup se sont révélés être des best-sellers. Le thème central de ce texte est l'importance d'acquérir certaines habitudes afin d'apprendre à être plus productif : l'auteur souligne notamment la grande importance de se lever le matin, en profitant des premières heures de la journée. Se lever tôt le matin, même à 5 heures, est un gage de plus grande productivité et d'une meilleure utilisation de la journée : consacrer la première partie de la matinée, lorsque la majeure partie du reste du monde dort ou n'est de toute façon pas opérationnelle à 100 %, à la méditation devant une tasse de thé ou à une activité physique modérée nous aide à améliorer nos compétences et, plus généralement, à améliorer la qualité de notre vie.

Habituer notre corps à être opérationnel à partir de ces heures peut sembler fou à première vue, surtout pendant les mois d'hiver où il fait encore nuit noire à cette heure, mais après avoir passé le traumatisme initial et sa transformation en routine, nous allons augmenter la charge d'activité quotidienne que nous sommes capables d'effectuer et nous pourrons ainsi consacrer au repos ces heures en fin de journée , cependant, gênés par des distractions ou même simplement par la fatigue, nous ne pourrions pas donner le meilleur de nous-mêmes. Bien démarrer est la première étape pour mener à bien vos projets, alors pourquoi ne pas faire un effort pour prendre un bon départ tous les jours ? En revanche, le matin a de l'or dans la bouche !

"Grit. La force de la passion et de la persévérance" par Angela Duckworth

Ce livre identifie dans la force d'esprit et la persévérance les ingrédients réels et uniques qui sont fondamentaux pour le succès, évinçant ainsi ce qui a toujours été considéré par la plupart d'entre nous comme l'élément principal de l'épanouissement personnel : le talent. L'auteur du livre, en plus d'analyser le "cran" et la détermination d'un point de vue purement scientifique et de rapporter les résultats de recherches récentes sur différents types de performances, enrichit le texte avec les témoignages de dizaines de personnes qui grâce à leur ténacité, leur détermination et leur persévérance, ils ont obtenu le succès qu'ils souhaitaient, comme Pete Carroll, célèbre entraîneur de football américain, ou Bob Mankoff, rédacteur en chef du New Yorker. Mais le message le plus intéressant que ce livre transmet éventuellement est le suivant : il faut toujours chérir les échecs et les défaillances afin d'aspirer à un véritable et authentique épanouissement personnel.

"Le pouvoir des habitudes : comment elles se forment, comment elles nous affectent, comment les changer" par Charles Duhigg

Avec cet intéressant essai, le journaliste américain Charles Duhigg aborde le sujet délicat et complexe des habitudes. En nous offrant un aperçu général des connaissances psychologiques et neurologiques actuelles sur le sujet, l'auteur explique la dynamique qui sous-tend la création d'habitudes, afin de développer un plus grand contrôle sur ces dernières et aussi pour qu'on puisse utiliser cette grande capacité innée à notre avantage en identifiant les mérites incontestables mais aussi les problèmes potentiels. Les habitudes sont des réactions plus ou moins inconscientes que notre cerveau stocke et met en œuvre dans un processus automatisé, afin de donner une réponse à un stimulus physique, émotionnel ou mental. Notre esprit agit ainsi dans le but d'économiser l'énergie et de nous permettre de mettre en œuvre des réactions qui résolvent rapidement une situation connue. L'auteur nous met en garde : les habitudes peuvent se transformer en véritables points faibles, qui nous empêchent d'affronter un problème de front, voire en engendrent pires.

Cependant, il ne faut pas considérer les habitudes comme une condamnation : il est possible, avec de l'engagement, de sortir de leur cercle vicieux : l'auteur cite l'exemple de Mandy, une jeune fille qui, incapable d'arrêter de se ronger les ongles, se tourne vers un psychothérapeute ; en suivant ses indications, elle pourra arrêter de répéter le geste grâce à une "réponse concurrente", c'est-à-dire que lorsqu'elle aura senti l'impulsion de se ronger les ongles, elle aura mis ses mains dans sa poche en serrant les poings.

"La règle des 5 secondes" par Mel Robbins

L'auteur de ce texte raconte comment, à un moment de grande difficulté personnelle, a développé un mécanisme particulier de réaction aux événements de la vie : une fois les bénéfices obtenus, il a décidé de partager avec le monde sa recette pour résoudre les problèmes, petits ou grands. Le compte à rebours de 5 à 1 est un "stratagème" qui nous permet de rompre l'habitude d'hésiter et de douter du succès de ce que nous avons à faire et nous oblige à nous concentrer uniquement sur l'action à entreprendre, indépendamment des insécurités qui nous tourmentent et nous empêchent d'avancer ; agir sans hésitation chaque jour avec courage et conscience, augmente notre estime de soi et nous garantit, avec le temps, de faire de nouvelles expériences, et nous allons probablement comprendre que nous n'avons fait que rêver parce que nous ne nous sommes jamais considérés comme dignes. De plus, se concentrer sur les pensées positives en dépit des pensées négatives nous aide à vaincre l'anxiété et, petit à petit, cela nous rendra plus confiants en nous-mêmes et dans le succès de nos actions ; nourrir les relations sociales en ayant plus de courage pour dire ce que nous pensons nous aide à rendre les relations avec les personnes que nous fréquentons chaque jour de plus en plus authentiques et profondes. Ce sont en partie les ingrédients de la règle des 5 secondes, qui nous permet de donner une coupe nette à une vie limitée par l'hésitation, le regret et la stagnation.

"Mindset. Changer les mentalités pour réussir" par Carol Dweck

Avec ce texte, l'auteur s'attarde sur le problème de la staticité mentale, une attitude qui peut sembler inoffensive mais qui, en réalité, influence négativement notre processus d'interprétation, le rendant extrêmement répétitif et limité. Le livre offre des exemples de certaines manières stériles et improductives de faire les choses, et souligne que celles-ci ont pour dénominateur commun une hâte excessive à juger et à laisser les problèmes derrière soi le plus rapidement possible. Si, au contraire, nous nous habituions à penser et à tout gérer avec une approche aussi dynamique que possible et à analyser chaque situation sous de multiples perspectives, nous obtiendrions une façon de faire beaucoup plus efficace et positive, car cela permettrait un apprentissage continu et la recherche de solutions de plus en plus constructives.

Conclusion

"La volonté aussi traverse les rochers." - Proverbe japonais

L'autodiscipline, comme nous l'avons répété à maintes reprises au cours de la discussion, consiste à pouvoir poursuivre ses objectifs personnels avec persévérance et conviction, en apprenant à ne pas être soumis à des conditionnements extérieurs et intérieurs : la volonté ne sera pas mesurable aussi précisément et clairement que la performance d'un biceps, mais elle est tout aussi entraînable et renforçable ; son renforcement peut ouvrir la voie à des résultats que nous ne pouvons même pas imaginer ! Le renforcement de votre autodiscipline vous permettra d'atteindre vos objectifs personnels, de travailler dur même lorsque vous êtes fatigué ou de mauvaise humeur, en gardant une concentration constante jusqu'à ce que vous atteigniez votre but.

Grâce à l'autodiscipline, vous pouvez établir de manière décisive votre contrôle sur le cours des événements de votre vie, du moins en ce qui concerne ce que vous pouvez contrôler de manière réaliste. La maîtrise de soi est une condition essentielle pour devenir résistant, pour être résistant à l'adversité et réagir à la déception avec positivisme, sans jamais être dépassé. Il est inévitable qu'il y ait une composante de caractère sous-jacente qui conditionne l'attitude que nous adoptons envers les événements, les autres personnes et la vie en général : nous savons tous que, dès leur plus jeune âge, les enfants manifestent leurs propres particularités de caractère, avant même d'apprendre à parler ou de développer une pensée structurée.

Il n'est pas encore clair quels sont les facteurs qui déterminent le caractère d'une personne, ni en tout cas quelle est l'incidence des différents éléments que nous supposons être déterminants dans la délimitation des traits de caractère : génétique, environnement, vie intra-utérine, traumatisme, stimuli externes ; nous ne sommes certes pas totalement dans le noir, notamment grâce aux incroyables découvertes de ces dernières décennies, mais nous sommes encore loin de définir une image claire et définitive. Certaines personnes naissent avec une force intérieure et une détermination si écrasante qu'il est souvent difficile de comprendre d'où elle vient ! Mais la voie du succès et de l'épanouissement personnel n'est pas seulement réservée à ceux qui sont doués de dons naturels particuliers ; même si nos caractéristiques de caractère nous font apparemment faibles et peu coopératifs, peu affirmés et indécis, nous ne devons pas abandonner !

Nous possédons tous une force intérieure qui ne demande qu'à être éveillée et guidée jusqu'à son expression maximale : ne laissez pas la chance ou le hasard déterminer votre destin, prenez votre vie en main et dirigez-la où vous voulez ! Cette affirmation semble paradoxale à certains égards, mais l'éducation à l'autodiscipline, à la maîtrise de soi, à la pleine possession de soi s'est avérée être la principale voie vers la véritable liberté : la liberté de se libérer des vices, de la faiblesse, de la dissipation de sa propre énergie, de la confusion mentale, du hasard, des autres. La capacité de diriger toutes nos ressources vers la réalisation d'un objectif précis que nous savons être, pour nous, le plus satisfaisant, peut être considérée comme l'une des plus grandes expressions de liberté que l'homme puisse mettre en œuvre.

L'autodiscipline n'est pas constituée d'une série de préceptes, de règles fixes ou de contenus spécifiques auxquels nous devons scrupuleusement adhérer : nous devons la comprendre avec une attitude que chacun de nous façonnera en fonction de ses besoins personnels, de ses spécificités de caractère, de ses ambitions. En fonction de nos objectifs personnels, nous l'appliquerons, en fait, de la manière que nous trouvons la plus utile et la plus agréable. L'important est que nous soyons toujours en mesure de nous contrôler, que chacune de nos actions ou réactions soit soumise à un examen minutieux, au contrôle vigilant de notre conscience et de notre rationalité ; et si nous pensons que notre comportement est mauvais ou nuisible, nous devons acquérir la force nécessaire pour le contrecarrer ou en tout cas le gérer de la meilleure façon possible. Nous pouvons, métaphoriquement, considérer la vie comme une très longue course : nous n'avons pas demandé à participer, nous n'avons pas rempli de formulaire d'inscription et pourtant nous sommes dans la course. À ce stade, nous pouvons choisir entre deux options différentes : nous asseoir au bord de la piste et regarder les autres participants faire la course ou relever le défi et participer à la course.

L'auteur conseille...

Pendant que vous discutiez avec quelqu'un, vous êtes-vous jamais demandé quelles étaient ses réelles intentions ?

Eh bien ! Vous n'êtes pas seul... tôt ou tard, nous avons tous eu des doutes sur une certaine personne à un moment donné. Imaginez-vous combien votre vie pourrait être différente si vous aviez la capacité de reconnaitre avec certitude si quelqu'un est en train de vous mentir ou de dire la vérité.

Grâce à ce livre, vous découvrirez comment analyser de la tête aux pieds la personne à qui vous avez affaire et comment interpréter correctement les signaux involontaires de son langage corporel.

Vous apprendrez comment déchiffrer notre langage secret, celui qui ne ment jamais, même si les autres essaient de dissimuler leurs intentions.

En effet, même les moindres mouvements revêtent un sens. En lisant ce livre, vous découvrirez comment déchiffrer ces signaux enfouis et invisibles afin d'obtenir un avantage énorme lors de la communication quotidienne. Vous réussirez à comprendre instantanément ce que pensent les autres, rien qu'en observant la position dans laquelle ils se trouvent ou en écoutant le timbre de leur voix !

Par ailleurs, grâce à cette connaissance, vous pourrez avoir recours au langage corporel pour nouer des amitiés, instaurer des rapports approfondis, passer avec succès tout entretien d'embauche, et accroître votre niveau d'énergie (**surtout si vous vous sentez fatigué ou abattu**).

Voici ce que vous découvrirez à l'intérieur de "Langage Corporel" :

- Quels sont les détails auxquels prêter attention lors d'une conversation ?
- Comment analyser les gestes, les émotions et les expressions involontaires des personnes
- Les techniques utilisées par les psychologues et les psychothérapeutes pour comprendre instantanément avec quel type de personnalité vous avez affaire

- Comment parvenir à convaincre les autres à vous rendre des services d'une façon éthique, simplement au moyen du langage corporel

- Comment comprendre ce que les autres pensent de vous, en déchiffrant les micro-expressions de leur visage

- Comment corriger votre attitude et faire meilleure impression, avec qui que ce soit

- Comment se comporter lors d'un rendez-vous amoureux et établir avec certitude si un(e) homme/femme s'intéresse à vous

- Comment démasquer un menteur en quelques secondes...

L'objectif de ce livre est de donner des conseils **PRATIQUES** et **APPLICABLES** sur la communication non verbale, par l'entremise des meilleures stratégies utilisées encore aujourd'hui par les psychologues les plus célèbres du monde. Vous y trouverez les techniques, les exemples et les exercices qui vous transformeront en un maître de la communication, même si vous partez de zéro.

Que vous soyez un employé, un dirigeant, un entrepreneur, un enseignant, un médecin ou même simplement un parent, ce livre vous sera utile pour prendre le contrôle de vos interactions et améliorer vos relations professionnelles ou personnelles.

Pour en savoir plus, encadrez le code QR suivant avec l'appareil photo de votre smartphone.

# Psychologie Sombre: Manuel de Persuasion Avancée et de Manipulation Mentale : comment engager, convaincre et persuader

Voici comment convaincre les autres à faire ce que vous souhaitez, sans que personne ne s'en aperçoive ! …

Dans ce livre, vous trouverez toutes les techniques spécifiques et les méthodes pratiques pour persuader, guider et contrôler l'esprit des personnes. Obtenir ce que vous voulez des autres n'est pas seulement possible mais facile et beaucoup plus rapide à apprendre que vous ne le pensez.

La majorité des livres sur cette matière promet on ne sait combien de trucs infaillibles de contrôle mental. **«Psychologie Sombre»**, au contraire ne contient que des méthodes prouvées scientifiquement, empruntées auprès des chercheurs, des négociateurs et des marketeurs reconnus comme étant les meilleurs au monde.

Depuis la nuit des temps, en effet, les êtres humains essaient de s'influencer les uns les autres. En se basant sur près **de vingt ans de recherches auprès des meilleurs spécialistes de psychologie**, ce livre vous démontrera comment changer complètement les opinions des personnes grâce à des manœuvres mentales subliminales et invisibles.

Vous obtiendrez une connaissance de la psychologie humaine que peu de personnes possèdent et c'est cette « **superpuissance** » qui permet aux personnes à succès d'obtenir non seulement ce qu'elles veulent mais également de l'attirer dans leur vie, sans lever le petit doigt.

Dans **«Psychologie Sombre»**, vous découvrirez :

- Comment contrôler de manière simple et efficace les décisions des autres, sans utiliser la force ou l'arrogance ;
- Comment implanter une idée dans l'esprit de votre interlocuteur, sans qu'il s'en rende compte ;
- Comment analyser et contrôler les comportements des personnes ;
- Comment découvrir les pensées de votre interlocuteur en «lisant »les signaux de son corps et ses réactions ;

- Les techniques pour créer un état mental qui permet aux personnes d'être prêtes à accepter vos idées ;
- La méthode pour devenir irrésistible aux yeux des autres ;
- Les phrases, les mots et les techniques de langage pour persuader et influencer qui que ce soit ;
- Comment communiquer vos idées, votre pensée et vos opinions de façon persuasive et convaincante en toute situation ;

Vous apprendrez à obtenir ce que vous voulez de façon simple, sans pour autant apparaître comme grincheux, manipulateur ou arrogant. Une capacité de persuasion de ce type rendra votre vie incroyablement plus simple parce que vous serez en mesure de comprendre la psychologie humaine même dans ses aspects les plus sombres.

N'attendez pas davantage ! Achetez dès maintenant votre exemplaire de « **Psychologie Sombre** » pour devenir un maître de la persuasion.

Pour en savoir plus, encadrez le code QR suivant avec l'appareil photo de votre smartphone.

www.ingramcontent.com/pod-product-compliance
Lightning Source LLC
Chambersburg PA
CBHW030910080526
44589CB00010B/238